LE DAMIER STRATÉGIQUE

Chez le même éditeur

Denis Ettighoffer, *L'entreprise virtuelle*

Jean-Christian Fauvet, *L'élan sociodynamique*

Xavier Guilhou et Patrick Lagadec, *La fin du risque zéro*

Charles Hampden-Turner et Fons Trompenaars, *Au-delà du choc des cultures*

Robert S. Kaplan et David P. Norton, *Le tableau de bord prospectif*

Henry Mintzberg, *Le pouvoir dans les organisations*

GÉRARD JEAN

PHILIPPE JEAN

POUR UNE NOUVELLE VISION DE L'ENTREPRISE

Le Damier Stratégique

**Éditions
d'Organisation**

Éditions d'Organisation
1, rue Thénard
75240 Paris cedex 05
Consultez notre site :
www.editions-organisation.com

SOMMAIRE

REMERCIEMENTS

Nous tenons à remercier particulièrement Pascal Lamy, membre du comité exécutif du Crédit Lyonnais de 1994 à 1999, qui nous a fait confiance pendant quatre ans et avec qui nous avons pu tester en vraie grandeur la plupart des concepts développés dans ce livre. Nos remerciements vont également à Philippe Montagner, président de Bouygues Telecom de 1997 à 2004, qui nous a fait comprendre la puissance du Damier Stratégique[®1] dans le management de l'entreprise. Et nous ne saurions oublier tous les clients qui ont accepté de témoigner dans cet ouvrage et d'une manière plus générale tous les clients et les consultants d'Altime qui ont participé à cette aventure.

Nous espérons que tous reconnaîtront dans ces pages le résultat d'une œuvre commune.

© Éditions d'Organisation

---

1. Damier Stratégique est une marque déposée.

INTRODUCTION

Éloge de la simplicité

Une histoire

Une entreprise vit de nombreux mouvements dans son histoire : elle croît, se diversifie, se recentre. Elle conquiert de nouveaux marchés, s'adresse à d'autres clients, en gagne et en perd. Elle conçoit de nouveaux produits, aborde des concurrents inconnus jusqu'alors, intègre des technologies qui bouleversent son fonctionnement, tout cela parfois avec des hommes différents, une organisation mouvante et des contraintes qui apparaissent, qu'elles relèvent du développement durable, de la législation ou des pays émergents.

Il nous aura fallu l'expérience de deux générations et, au total, engranger quarante années de collaboration avec des entreprises de tous secteurs pour faire émerger progressivement quelques idées simples sur les liens complexes qu'entretiennent la connaissance et l'action dans le cadre très spécifique du monde de l'entreprise. Certes, nous ne nous sentons pas armés pour écrire une somme philosophique sur le sujet, mais nous commençons à comprendre que la stratégie des entreprises est fondée sur ce lien qui lui-même dépend de cette question primordiale : *dans cet environnement turbulent comment se penser simplement pour mieux agir ?* Car s'il faut connaître l'environnement économique, les innovations technologiques, les grands marchés et bien d'autres éléments qui constituent les conditions de vie de toute entreprise, le dirigeant doit suivre l'antique impératif de Socrate : *Connais-toi toi-même.* Et ce n'est pas la connaissance la plus aisée ! Nous savons tous que nous connaissons souvent mieux les autres que nous-mêmes, même si, naïvement, nous pensons le contraire.

Nous ne sommes pas des théoriciens. Dirigeants d'une entreprise de conseil, nous avons davantage l'habitude de l'action. Nous avons nos comptes, nos clients, nos fournisseurs, nos concurrents... comme les autres ! Nous le savons donc aussi par expérience : la connaissance dont ont besoin les décideurs pour être simple ne peut être sommaire. Il ne suffit pas de décrire les points faibles et les points forts, les atouts et les handicaps, les vices et les vertus. Les dirigeants n'ont que faire d'une connaissance simpliste. De plus, le diagnostic est insuffisant s'il n'implique pas une thérapeutique.

Le plan du livre

Lorsque nous avons décidé d'écrire ce texte, nous avons voulu qu'il reflète notre manière de travailler : il fallait qu'il s'inscrive dans la chronologie comme l'avait été la production des connaissances dont nous nous servons aujourd'hui. Ainsi, l'idée de l'*urbanisation du business* — et de ses deux déclinaisons, le Damier Stratégique et le Plan de Gouvernance®1 — n'est-elle pas pour nous une création *ex nihilo* ; elle n'est pas

---

1. Plan de Gouvernance est une marque déposée.

sortie toute faite de nos cervelles. Elle s'est construite. Elle est le fruit de va-et-vient permanents entre l'expérience des entreprises avec lesquelles nous avons collaboré et des réflexions qu'elles nous inspiraient en fonction de leurs besoins. De chaque exemple, il fallait par moments s'abstraire pour passer du particulier au général et, surtout, pour être capable de mieux retrouver le particulier à l'aide du général. Seules ces « retrouvailles » donnaient quelque pertinence à nos réflexions. Au fil du temps, elles ont permis de tester nos hypothèses, de valider les meilleures, d'éliminer les moins performantes. En nous extrayant par moments des cas particuliers, nous ne voulions pas nous abîmer dans des abstractions. Aussi avons-nous tenu à restituer, dans l'écriture de la première partie de ce livre, ce balancement entre la théorie et la réalité, entre le général et le particulier, entre la modélisation et le cas concret. Se succèdent ensuite, dans la deuxième partie et les annexes, des analyses de cas et des fiches de synthèse qui mettent en valeur telle ou telle modalité d'application de nos concepts clefs.

Des outils clefs : le Damier Stratégique et le Plan de Gouvernance

Le scientifique qui veut accroître ses connaissances ne travaille pas sans outil. Il ne peut se contenter d'une accumulation d'exemples particuliers ou de connaissances empiriques. Interviennent des moments où il faut parvenir à capitaliser les connaissances pour les faire fructifier et leur faire produire quelque intérêt. Le scientifique utilise un microscope ou une détection au carbone 14. Comme l'a écrit Canguilhem, « le microscope est moins un prolongement de la vue que de la pensée ». C'est pourquoi nous avons cru qu'il fallait un bon cadre d'analyse pour mieux connaître la réalité vivante d'une entreprise. Ce cadre d'analyse, le Damier Stratégique, est notre microscope à nous !

Les analyses doivent permettre aux chefs d'entreprise d'avoir en main tous les éléments de la décision stratégique. Au fil de nos expériences, une exigence forte apparut : faire simple. Ils ne sont pas aveugles et ils voient vivre leur entreprise tous les jours, ils vivent avec elle. Tout devient plus complexe, dans leur propre entreprise et autour d'elle. Il ne nous fallait donc pas leur proposer un instrument qui produise lui-même de la complexité, qui complique inutilement leur propre vision. Nous en fîmes un principe de raisonnement, d'analyse et de proposition. Ce principe aboutit à notre élaboration du Damier Stratégique.

Mais l'analyse ne satisfait jamais les chefs d'entreprise. Il leur faut une organisation pour agir. Une excellente analyse qui n'est pas utilisable ne vaut pas une analyse qui serait seulement correcte mais aboutirait à des actions utiles. Ils sont concentrés sur les décisions à prendre, ils sont obnubilés par les opérations. Les entrepreneurs ont évidemment raison sur ce point. Nous avons donc prolongé cet outil d'analyse stratégique par un outil d'organisation avec lequel il s'articule : le Plan de Gouvernance. Nous verrons que ce dernier permet au chef d'entreprise de ne pas rester sur sa faim légitime : l'analyse sans l'action le laisserait frustré, car sa principale responsabilité est de prendre des décisions et d'organiser les opérations, ce que lui permet le Plan de Gouvernance.

De la simplicité

L'exigence de simplicité renvoie dans de nombreux textes à une authentique vertu. Le mot, en lui-même, évoque une opération à la fois logique et pédagogique, la simplification, qui consiste à transformer du compliqué ou du complexe et à le rendre abordable. Mais ce n'est pas un hasard si la simplicité désigne également une vertu, car elle demande des efforts, un véritable travail. Nous en faisons ici l'éloge car nous pensons qu'elle contribue aux bonnes décisions. Celles-ci ne doivent pas être inutilement encombrées par l'épais brouillard que produisent des lexiques obscurs adossés à des modèles sophistiqués. Bienheureux « les simples en esprit » !

Dans cet essai qui porte sur la relation entre la représentation de l'entreprise, les décisions stratégiques et la mise en mouvement de l'organisation, nous avons pensé qu'il fallait commencer par revenir sur la complexité qui marque notre époque. Les entreprises ne sont pas isolées du monde. Si elles contribuent à le façonner, elles sont aussi façonnées par lui. Plus la complexité s'accroît, plus les efforts de simplicité sont cruciaux. On ne parvient pas à prendre les bonnes décisions à partir d'informations ou d'énoncés obscurs et confus. C'est pourquoi nous avons tenu à retracer notre itinéraire intellectuel et pragmatique en montrant le mouvement qui nous a menés d'une première métaphore utilisable — l'*Urbanisation du business* — à ses développements plus formalisés — le Damier Stratégique — pour aboutir à leur mise en œuvre dans l'organisation — le Plan de Gouvernance. Évidemment, ce que nous croyons être un apport théorique dans l'approche de l'entreprise n'est pas l'effet d'une génération spontanée. Nous savons ce que nous devons, en particulier, à la pensée de Michael Porter : l'analyse de la chaîne de valeur est le fondement théorique qui nous a permis, par la suite, de construire nos outils en développant la modularité et la flexibilité qui en garantissent les usages multiples et successifs dans le temps.

Première partie

Pour une nouvelle vision de l'entreprise

CHAPITRE 1

Devant la complexité

> « *Plus que de théorie ou de philosophie,*
> *nous avons besoin de la méthode qui*
> *nous aide à penser la complexité du*
> *réel, au lieu de dissoudre cette*
> *complexité et, du coup, mutiler le réel[1].* »

La fin d'une illusion

Si nous nous en tenions à notre expérience quotidienne de chefs d'entreprise, nous serions désarmés face à la complexité croissante que nous vivons et rencontrons. Notre époque ne complique-t-elle pas à l'envi des processus ou des relations que notre désir profond voudrait simplifier ? Mais nous savons que notre expérience de la complexité n'est pas individuelle et que, éprouvée par tous les acteurs économiques que nous avons la chance de connaître, elle exprime un mouvement général de

---

1. Edgar Morin, *La Méthode*, t. I, *La Nature de la nature*, Le Seuil, 1977.

l'histoire qui nous dépasse. Plus notre connaissance s'accroît, plus elle doit intégrer la complexité.

Pendant des siècles et des siècles, les grands esprits de l'humanité, scientifiques et philosophes, ont rêvé de simplicité. Les progrès de la science allaient nous délester du désordre ambiant. « Le grand livre du monde est écrit en langage mathématique », soutenait Galilée en fondant la physique moderne. Il semblait que la diversité des phénomènes se réduirait en quelques lois ou principes simples. Malheureusement, ce ne fut pas le cas. Lorsqu'il évoque l'histoire des sciences et des disciplines successives qui les constituent, Auguste Comte l'explique déjà, au début du XIXe siècle : les sciences successives sont passées d'objets simples à des objets de plus en plus complexes. Contemporain de la biologie naissante, il anticipe sur ce que seront ses développements ultérieurs.

La logique du vivant : vers une complexité croissante

Avec les théories du vivant, les scientifiques durent admettre que nous n'étions pas embarrassés par une complication subjective, mais bien confrontés à une complexité objective. Sans doute l'émergence de l'évolutionnisme exprime le mieux ce parallèle entre l'évolution de l'entreprise et l'évolution du vivant, évolution *buissonnante* — comme l'écrit notre prix Nobel, François Jacob — qui produit toujours plus de différences et donc plus de complexité. Bien avant d'être un principe volontariste d'entreprises soucieuses d'un avantage concurrentiel, la différenciation est le mouvement même de la vie, à strictement parler, la *logique du vivant*. Ce qui est vrai de l'individu que nous sommes puisque nos cellules se différencient dès la rencontre du spermatozoïde et de l'ovule, l'est aussi de l'évolution depuis l'apparition des premières bactéries : aux micro-organismes unicellulaires, apparus il y a 3,5 milliards d'années, ont succédé des assemblages de plus en plus complexes, jusqu'à l'être humain, qui rassemble plus de 10 000 milliards de cellules !

« Objets, capricieux objets », soupiraient Jacques Monod et François Jacob en découvrant la complexité de l'ADN. « *What is life ?* » : ainsi le grand physicien Schrödinger intitulait-il un essai qui lui permettait de s'aventurer audacieusement hors de ses travaux sur les fonctions d'onde. Il fallait expliquer pourquoi le vivant n'obéissait pas au principe de désordre, de bruit que constitue l'entropie. Cette interrogation hante physiciens et biologistes depuis qu'a été énoncé le second principe de la thermodynamique — principe de l'entropie croissante ou principe de Carnot-Clausius — tandis qu'apparaissait simultanément avec Darwin la théorie de l'évolution. Le fossé était creusé entre une matière vouée au désordre et à l'homogène, et le vivant destiné à la différenciation et à l'hétérogène.

La vie des organisations

Hommes et femmes de ce siècle, nous nous situons sur la trajectoire de l'évolution, c'est-à-dire de la complexité croissante. Nos corps en témoignent, nos pensées et nos actes l'expriment. Nos organisations ne restent pas à l'écart du mouvement général, puisque l'organisation est au principe même du vivant : « *Il n'y a pas une organisation du vivant, mais une série d'organisations emboîtées les unes dans les autres comme dans des poupées russes. Derrière chacune s'en cache une autre. Au-delà de chaque structure accessible à l'analyse, finit par se révéler une nouvelle structure d'ordre supérieur qui intègre la première et lui confère ses propriétés. On accède à celle-ci en bouleversant celle-là, en décomposant l'espace de l'organisme pour le recomposer selon d'autres lois. »*[1]

Maints exemples nous montrent qu'un manque d'organisation ou qu'une mauvaise organisation produisent de l'entropie, c'est-à-dire du bruit, de la perte d'énergie jusqu'à exténuer les hommes et femmes qui s'y dépensent en vain. Mais est-ce seulement affaire d'organisation ?

Nous avons souvent quelques difficultés ou hésitations à transférer dans l'espace social ou dans le domaine opérationnel des concepts scientifiques. Cette translation pourrait être illégitime ou idéologique si les évolutions de la société ne prolongeaient effectivement le mouvement de complexité croissante qu'observent les biologistes sur le vivant.

L'accélération de la complexité économique

L'histoire de l'économie n'a pas échappé à cette règle. Des rapports marchands du Moyen Âge à l'économie globalisée de l'information et de la connaissance d'aujourd'hui, en passant par l'ère industrielle qui a bouleversé l'ensemble de la planète en moins de deux siècles, la production et les échanges de biens et de services n'ont cessé de se complexifier et d'obéir — plus ou moins bien, d'ailleurs — à des lois de plus en plus difficiles à appréhender. Comme si l'économie voulait échapper au principe de Carnot.

Or l'évolution du monde en général, et celle du monde économique en particulier, a vu cette complexité croître depuis une vingtaine d'années de façon accélérée. Il est, en effet, remar-

---

1. François Jacob, *La Logique du vivant, une histoire de l'hérédité,* Gallimard, Paris.

quable que les paramètres qui régissaient, depuis des décennies, l'activité économique mondiale aient été quasiment tous modifiés dans la période récente. Avec pour conséquence la multiplication des acteurs, des règles et des problèmes auxquels sont désormais confrontés les entreprises et ceux qui les dirigent.

Aucune activité économique n'échappe désormais à la complexité. L'agriculteur ne voit plus le consommateur et passe autant de temps à s'informer sur l'Europe, à pianoter sur son ordinateur, à rechercher les meilleurs « appros » et les moins chers qu'à labourer, moissonner, élever ou traire. L'industriel doit intégrer à ses produits de nouveaux services, fidéliser ses clients, intégrer les technologies les plus modernes et prospecter sans cesse les marchés. Les activités de services se multiplient en tous sens, à l'affût de toutes les innovations que permettent les développements de l'information et de la communication.

Même si l'économie connaît une croissance buissonnante, les activités humaines sont marquées par les transformations profondes de leur environnement géopolitique.

D'un monde bipolaire à un monde multipolaire

Pendant un demi-siècle, l'équilibre du monde a été déterminé par la confrontation géopolitique entre les deux grandes puissances américaine et soviétique. Cet affrontement, à la fois idéologique, politique, économique et parfois même militaire, opposait le système capitaliste et le système communiste.

Cette bipolarité ne concernait pas seulement l'Occident développé, même si la division de l'Europe par le Rideau de fer en était le symbole le plus voyant. Elle s'était également imposée dans les relations Nord-Sud, où la relation d'appartenance à un bloc ou à un autre était prédominant. Elle avait même remplacé le critère d'appartenance à tel ou tel empire colonial, devenu obsolète. Cette logique bipolaire concernait donc l'ensemble de la planète, jusqu'à l'Asie : la Chine communiste, malgré ses différences avec l'URSS, et le Japon, refaçonné en démocratie libérale par les États-Unis, en étant les représentants dans cette région du monde.

Cet équilibre relatif, instauré par les accords de Yalta, allait être totalement bouleversé par les événements survenus à partir de la fin des années 1980, en Europe de l'Est d'abord, puis au sein même de l'Union soviétique. L'implosion du bloc communiste marque non seulement la fin de cette rivalité, mais aussi la disparition pure et simple du « modèle socialiste », au moins dans ses applications concrètes. Ne restent alors en lice qu'une hyperpuissance, les États-Unis, et qu'un seul grand système économique de référence, le capitalisme, même si sa mise en œuvre entraîne des adaptations « locales » et provoque un certain nombre de résistances.

Des oppositions simplistes à la complexité

S'agit-il pour autant d'une simplification ? Le monde économique serait-il devenu homogène en voyant disparaître une différence qui le traversait de part en part ? Au contraire : nous sommes passés d'une différence simple, unique, caricaturale — donc réductible à un discours binaire — à un buissonnement de différences mal maîtrisées. De nouveaux acteurs économiques, notamment asiatiques, ont émergé ces dernières années pour concurrencer les États-Unis. Le Japon a certes connu une crise, mais de nouveaux « dragons » sont apparus sur la scène internationale. Et c'est désormais la Chine qui tente de concilier autoritarisme politique et libéralisme économique et semble devoir accéder demain au stade de grande puissance mondiale. Quant à l'Inde, étonnant pays de contrastes, elle suit un itinéraire singulier en formant de nouvelles élites capables d'être concurrentielles sur le marché mondial, aussi bien dans les nouvelles technologies que dans l'industrie lourde ou l'industrie manufacturière.

L'Europe devient un acteur primordial dans ce monde multipolaire. Elle poursuit son intégration économique. Quels que soient les aléas de sa construction, l'Europe sera avant tout économique et humaine : la stratégie de Lisbonne, la circulation des étudiants, la mobilité des hommes, l'élaboration de grands projets et la monnaie unique dans la zone euro contribuent à transformer un vieux continent en nouvelle force économique dans le cadre de la mondialisation. Acteurs publics et privés œuvrent en ce sens.

Mais l'Europe a également tenu compte de la fin de la guerre froide, d'une part, en réalisant la réunification de l'Allemagne, et, d'autre part, en s'élargissant à vingt-cinq membres, qui seront bientôt vingt-sept, pour accueillir les anciens « satellites » de l'Union soviétique. Certes, l'Europe doute parfois d'elle-même en s'élargissant, mais ces inquiétudes ne relèvent-elles pas aussi de cette complexité généralisée ? Il n'en est pas moins vrai que l'Union européenne existe et se manifeste déjà comme un acteur majeur de l'économie mondiale.

La géographie économique mondiale a donc été redessinée depuis vingt ans sous le signe de la complexité. Aux deux blocs Est et Ouest ont succédé une variété de niveaux concurrentiels où s'affrontent les agents économiques : les régions qui, notamment en Europe, deviennent des échelons conjuguant puissance et proximité ; les nations qui restent dans de nombreux domaines des décideurs incontournables ; les zones d'alliance régionales (Union européenne, Alena, Mercosur, Apec) qui constituent de vastes marchés coordonnés et facilitent la mondialisation de l'économie.

Internationalisation, mondialisation, délocalisation

Le XXe siècle avait été marqué par l'internationalisation de l'économie, comme le montre l'accroissement très rapide du commerce international, en volume aussi bien qu'en valeur. Mais l'activité économique restait relativement circonscrite à l'intérieur des frontières des États-nations et encadrée par de nombreuses réglementations (contrôle des changes, mesures douanières, protectionnisme commercial).

Les dernières décennies ont été marquées par le phénomène que les Français appellent « mondialisation » et les Anglo-saxons « globalisation ». Une grande vague de déréglementation, prônée aussi bien par les États-Unis que par l'Union européenne ou l'Organisation mondiale du commerce, a aboli les frontières et les protections afin de faciliter la libre circulation des personnes, des biens, des services et, surtout, des capitaux.

La globalisation a également été rendue possible par l'irruption massive des nouvelles technologies de l'information et de la communication. Celles-ci ont entraîné des ruptures importantes dans les modèles économiques de presque tous les métiers. Ainsi, les différentes phases d'une activité de production, autrefois regroupées en un seul et même lieu, peuvent-elles être morcelées et éclatées entre plusieurs emplacements. En particulier, la dématérialisation massive de l'économie, grâce à l'utilisation de l'électronique et de l'informatique comme support de communication et de modélisation, a profondément modifié les activités bancaires et financières, où les écritures virtuelles ont remplacé les flux monétaires physiques.

Intervenant entre des États ou des zones régionales dont les niveaux de développement ne sont pas identiques, ce mouvement de mondialisation a d'importantes conséquences, positives ou négatives, sur les décisions d'investissement des entreprises, la localisation de ces investissements, le niveau de l'emploi, la distribution des richesses, la souveraineté et le degré d'autonomie des États-nations.

Complexité et inquiétudes

Dans son rapport remis en octobre 2004 au ministre de l'Économie et des Finances, l'ancien directeur du Fonds monétaire international, Michel Camdessus, analyse ainsi le processus de la mondialisation, un « *choc* », qui dit-il, « *interroge les Français* » : « *Nous en sommes, à ce jour, bénéficiaires. L'inquiétude collective avec laquelle nous considérons notre avenir demeure néanmoins fortement alimentée par les anxiétés qu'elle suscite au travers de ses conséquences réelles ou supposées : désindustrialisation, délocalisations, disparition d'emplois. S'y ajoute le sentiment que nous aurions perdu les leviers de notre destin, le libre choix de notre modèle, les moyens de nos ambitions.* »

Conséquence de la mondialisation la plus mal vécue par les salariés des pays développés, les délocalisations furent, en 2004, au centre de la dernière campagne présidentielle américaine comme de la vie économique française et allemande.

Encore faut-il savoir de quoi on parle. Dans un rapport publié en juin 2004, la commission des Affaires économiques du Sénat en donnait une définition précise : « *Au sens le plus strict, la délocalisation consiste à changer de lieu une unité de production : on désigne alors, par ce substantif, l'ouverture d'une unité productive à l'étranger, concomitante à la fermeture d'une unité locale, sans que soit affectée la destination des biens produits* [...] *Dans une deuxième acception, dérivée de la première, la délocalisation désigne le recours à la sous-traitance proposée par une société étrangère afin de fournir des biens auparavant produits localement.* [...] *Enfin, certains qualifient aussi de délocalisation la création d'une nouvelle unité de production à l'étranger plutôt que sur le territoire national, sans réduction de l'activité domestique.* » Ce dernier cas est, en effet, différent : l'ouverture d'une usine à l'étranger peut être un moyen adapté pour attaquer le marché en question, et il est difficile de parler de délocalisation quand ni les emplois ni l'activité du pays d'origine ne sont affectés.

Même prises dans leur sens le plus strict, les délocalisations constituent un facteur que certaines entreprises, de leur plein gré ou forcées par les circonstances, intègrent à leur stratégie : soit pour les réaliser, soit en s'en servant pour renégocier les conditions de production. Par exemple, en France et en Allemagne, la menace de délocalisation s'est traduite par la rené-gociation, au bénéfice de l'employeur, du temps de travail effectué par les salariés.

Que l'on porte sur elles un jugement positif ou négatif, il est incontestable que la mondialisation et ses conséquences ont participé à la « complexification » de l'économie. Ce mouvement planétaire a emporté les économies locales, développées ou non, dans un tourbillon : dans cette économie globale, de multiples interactions peuvent perturber les cycles, contredire les modèles et contrarier les stratégies.

Sans utiliser le lexique de la délocalisation avec son cortège de polémiques, nous constatons que l'éclatement géographique des unités de production et de prestation constitue l'un des nouveaux aspects de cette complexité croissante qui caractérise l'entreprise du XXIe siècle. La diversité des stratégies accroît encore ce phénomène : d'un côté se développent les clusters ou les pôles de compétitivité qui concentrent, agglomèrent et polarisent divers maillons qui vont de la recherche et l'innovation au développement industriel. D'un autre côté, des processus contraires se multiplient comme les mouvements d'externalisation et de nouvelles relations de partenariat. Derrière ces paradoxes apparaissent les redéfinitions des compétences propres à une entreprise.

Ainsi, les grandes entreprises de service proposent de gérer pour le compte de leurs clients leurs activités fonctionnelles, voire certaines activités opérationnelles (*Business Process Outsourcing*). Cette stratégie implique une refonte très profonde de la notion d'entreprise qui se métamorphose en « entreprise étendue ou neuronale ». Par ailleurs, certains industriels incluent maintenant leurs fournisseurs sur les « plateaux » de conception dédiés à leurs nouveaux produits au sein d'équipes globales. Le produit est le résultat d'un effort conjoint « orchestré » et « piloté » par l'entreprise. Elle en est le maître d'ouvrage principal, avec des maîtrises d'ouvrage déléguées chez divers sous-traitants et partenaires. On voit même apparaître un nouveau métier, « ensemblier de services », qui caractérise une entreprise tout entière consacrée aux processus d'externalisation.

Dimensions multiples, exigences nouvelles

Les agents économiques, au premier rang desquels les entreprises, ont à prendre en compte tous ces éléments nouveaux, ce qui se traduit par une forte accélération de leurs « biorythmes ». Celles-ci doivent répondre de plus en plus rapidement aux évolutions de leur environnement : clients, concurrents, États. Et elles doivent le faire en entraînant tous ceux qui exercent des responsabilités en leur sein.

Parmi ces contraintes nouvelles, certaines sont imposées de l'extérieur : ce sont des facteurs exogènes de complexité. Mais s'y ajoutent des facteurs endogènes liés directement à l'activité de l'entreprise.

Ces facteurs endogènes tiennent d'abord au nombre important de dimensions que l'entreprise doit intégrer dans sa stratégie :

➤   la dimension produits, avec toutes les caractéristiques de conception et de fabrication qu'elle peut comporter ;

➤   la dimension clients, elle-même rendue de plus en plus complexe par les techniques modernes de segmentation de la clientèle auxquelles a désormais recours le marketing ;

➤   la dimension territoires, devenue plus complexe par le biais de la mondialisation de la production et de la distribution des produits. Au sein de l'Union européenne, cette dimension territoriale amène, par exemple, les acteurs économiques à se plier aux nouvelles règles et aux nouvelles normes qui se substituent progressivement à celles des États-membres.

Les entreprises sont également confrontées à de nouvelles exigences. Celles-ci peuvent émaner d'acteurs extérieurs à l'entreprise, les consommateurs, mais aussi d'éléments faisant partie intégrante de l'entreprise, qu'il s'agisse de ses salariés ou de ses actionnaires.

Des changements difficiles à suivre

Quand nous insistons ainsi sur les complexités qui concernent les entreprises, nous devons prendre la mesure des effets qu'elles induisent. Déjà soumis à une accélération croissante des progrès, les hommes sont profondément perturbés par des mouvements qu'ils peinent à comprendre. Comment ne vivraient-ils pas mal des transformations qui affectent leurs emplois et le cours même d'une vie économique et sociale qui est devenu instable. De nouvelles mobilités, géographiques et professionnelles, s'imposent sans toujours être comprises. La tentation est alors grande de se réfugier dans des discours et arguments simplistes qui ont l'avantage de donner des explications abordables à des phénomènes qui les dépassent. C'est pourquoi renaissent ici et là des idéologies qu'on croyait périmées après la chute du mur de Berlin : il faudrait interdire les délocalisations, forcer à créer des emplois ou pénaliser les réductions d'effectifs.

On évoque souvent à ce propos le thème de la *résistance au changement*. L'argument est contestable : les hommes ne résistent pas au changement par principe. Ils s'y opposent s'ils ont le sentiment d'une dégradation, d'un passage du meilleur au pire, ou l'impression d'aller dans l'inconnu, inconnu profondément angoissant par nature. L'avenir devient alors opaque, chacun se retrouve amnésique et surtout nostalgique. On voudrait revenir à des temps antérieurs, comme à des paradis perdus, en oubliant les conditions de travail plus pénibles ou le niveau de vie inférieur. Cette complexité croissante est anxiogène et peut provoquer des blocages très dommageables dans les entreprises. Aussi, les dirigeants doivent-ils consacrer du temps pour lever ces freins psychologiques et expliquer le « sens » de l'entreprise, son projet. Quand ils y parviennent, ils obtiennent un réel avantage concurrentiel.

Le consommateur, nouvel acteur

Pour ce qui est des consommateurs, la dernière décennie a enregistré des changements de comportement qui reposent sur des critères de choix naguère considérés comme marginaux :

➤ la protection de l'environnement, qui amène les clients à privilégier les produits et les fabricants faisant preuve d'un réel souci de développement durable ;

➤ le commerce équitable, qui recouvre aussi bien l'honnêteté de la transaction avec le producteur local que l'éthique sociale liée à la fabrication du bien (salaires, temps de travail, travail des enfants, etc.) ;

➤ le principe de précaution, qui limite plus qu'auparavant la « prise de risques » que la société tolère de la part de l'entreprise, tant dans l'élaboration de ses produits que dans la mise en place de ses installations.

Ces exigences nouvelles induisent également une conséquence non négligeable dans le management de l'entreprise : la judiciarisation croissante de la vie économique, où toute prise de décision, donc de risque, peut se traduire, en cas de faute ou d'erreur, par des conséquences judiciaires. Il importe donc de maîtriser parfaitement cette dimension des affaires, elle-même complexe par définition.

Les relations complexes entre des désirs hétérogènes

De nouvelles attentes sont également apparues au sein des catégories directement impliquées dans la vie des entreprises : les salariés et les actionnaires.

Les salariés sont de plus en plus nombreux à vouloir « être heureux » au sein de l'entreprise où ils travaillent. Ce « bonheur » est bien sûr lié aux conditions de travail (horaires, salaires, etc.), mais aussi — et peut-être surtout — à l'atmosphère qui règne dans la société. Les salariés, et tout particulièrement les cadres, attendent un projet d'entreprise clairement formulé auquel ils puissent adhérer, et qui justifie à leurs yeux les efforts incessants qui leur sont demandés. La crise économique de ces dernières années et la réduction du temps de travail se sont, en effet, fréquemment traduites, pour les cadres, par de fortes demandes de leurs directions en termes de productivité. En l'absence de projet fédérateur, ces demandes sont souvent ressenties comme des pressions pouvant entraîner un relâchement, voire une rupture, de leur lien à l'entreprise. Celle-ci doit donc prendre en compte cette aspiration de ses salariés.

L'entreprise, pour peu que la majorité de son capital soit en bourse, doit également satisfaire les attentes de ses actionnaires qui exigent de plus en plus une création de valeur forte, rapide et continuelle. Ce phénomène est renforcé si les titres sont détenus par des fonds de placement ou de pension. Ces derniers sont fréquemment à la recherche d'un retour rapide sur investissement, et ne sont donc pas présents au capital de l'entreprise pour l'accompagner dans le temps. Une telle démarche oblige la société à présenter des résultats en hausse continuelle, ce qui n'est pas toujours compatible avec une stratégie industrielle à moyen ou à long terme. L'entreprise pourrait, par exemple, si elle n'était pas soumise à cette obligation continuelle, accepter de dégager temporairement moins de bénéfices, et donc de verser moins de dividendes, pour consacrer cet argent à des investissements lui permettant de préparer l'avenir. Avec la création continue de valeur pour l'actionnaire, un raisonnement de ce type est de plus en plus difficile à faire accepter.

Convergences vers la complexité

Ne nous y trompons pas : la complexité croissante de la géopolitique comme de la géo-économie provient de facteurs très divers qui convergent tous vers une complexité croissante de l'entreprise et de son environnement. S'il fallait ramener cette complexité à une cause première, celle-ci résiderait dans la multiplicité des choix désormais offerts aux individus. Qu'il s'agisse des technologies de l'information, d'Internet, de la mobilité géographique, de l'accélération des rythmes, de la lutte contre les abus de position dominante, de l'évolution du commerce mondial, tous ces éléments hétérogènes produisent des libertés nouvelles qui se définissent par la multiplication des possibles. Il n'est pas dans notre propos — sans ambition métaphysique — d'indiquer si cette conception de la liberté est juste. Seuls comptent ici ses usages.

L'émergence du concept de client

Cette liberté, la figure du client est sans doute celle qui en jouit le plus dans la mondialisation présente. Or, du point de vue de l'entreprise, le client est l'acteur ultime et déterminant. Le client est celui qui paye, celui qui permet de payer les salaires à la fin du mois. François Michelin allait jusqu'à dire qu'« *il [était] le seul vrai patron* ». Le concept de client enveloppe également deux autres attributs qui participent de cette complexité croissante : il est *libre* et il est l'*autre*.

Il est *libre* car, de plus en plus, il peut choisir un autre fournisseur. Le marché n'existe pas sans clients. Nous parlons trop souvent du marché et pas assez du client alors qu'un marché n'est qu'une mosaïque de clients réels ou potentiels. Tous les facteurs susdits renforcent cet élément essentiel du concept de client : il est de plus en plus libre. Les prix mondiaux deviennent facilement accessibles, les offres sont décloisonnées et connues de tous, et les fidélités se dissolvent dans toutes les sphères de notre existence. Cette liberté croissante du client participe pleinement de la complexité croissante à laquelle sont aujourd'hui confrontés tous les acteurs économiques.

L'*altérité* enfin. Car le client est l'autre, toujours un autre. Il représente cet autre qui n'a pas la même perspective sur le bien produit ou le service rendu que celui qui fabrique le produit ou rend le service. La connaissance de l'autre, pour le fidéliser ou pour le conquérir, est donc stratégique. Il ne s'agit pas d'une connaissance abstraite ni théorique : il s'agit d'information.

C'est pourquoi tout doit contribuer, dans l'organisation d'une entreprise, à mettre le client au cœur de l'entreprise elle-même. Bien sûr, le client reste l'autre, libre et extérieur ; il ne fait donc pas partie de l'organisation. Mais c'est bien l'organisation qui doit le situer au cœur du système d'information et du système de décision de l'entreprise.

Répondre à la complexité

La complexité est objective, à l'intérieur comme à l'extérieur de l'entreprise. Elle ne se manifeste pas comme une complication subjective qu'il faudrait réduire pour avoir les idées claires. Il faut accepter la complexité, comme la loi de la vie, comme le mouvement même de notre temps. Et si les discours compliqués ou simplistes doivent être renvoyés dos à dos, comme deux terribles écueils dans l'appréhension et le traitement de la réalité, il est probable que la simplicité n'est pas incompatible avec la complexité. C'est précisément l'affaire et l'objet de tout système d'information et de tout système de décision performant : prendre à bras-le-corps la complexité, mais l'aborder avec simplicité pour éviter que des parasites inutiles n'introduisent du bruit dans l'organisation.

Aucune entreprise n'épuisera jamais la complexité des êtres et des objets qui l'entourent, mais elle peut s'épuiser, voire s'exténuer, si elle ne parvient pas à se représenter elle-même dans la perspective de la plus grande simplicité. Les batailles économiques ne se disputent plus entre hordes informes ; elles ne se gagnent que si l'on est capable de penser l'ordre de sa propre armée, un ordre de bataille. Et ce n'est pas un hasard si les Romains conçoivent en même temps ce légendaire Ordre légionnaire et la ville, l'*urbs*, qui évoque tant l'organisation et la vie.

CHAPITRE 2

Une simplicité nécessaire, l'urbanisation

Origines et histoire de l'urbanisation

Le mot « urbanisation » a pour origine le mot latin *urbs*, qui signifie ville. L'urbanisme classique, au long de l'Histoire, a cherché à résoudre le problème posé par l'organisation des villes. De simples villages ou bourgs ont grandi au cours des siècles sans plan d'ensemble, par adjonction incessante de constructions nouvelles, ce qui a entraîné une croissance désordonnée et non maîtrisée. Les conséquences négatives se sont multipliées : qu'il s'agisse des transports — l'activité économique en général et le commerce en particulier nécessitant des liaisons rapides — —, de l'hygiène — la concentration accrue des populations dans un espace urbain posant des problèmes sanitaires aigus (eau potable, évacuation et assainissement des eaux usées, collecte et traitement des déchets) —, ou encore du confort et de la qualité de vie, ressentis comme de plus en plus indispensables au fil des siècles et des innovations technologiques (réseaux d'électricité, de gaz, de chauffage urbain, de câblage...).

L'urbanisme peut donc être défini comme l'action réfléchie visant à disposer, à aménager ou à restructurer physiquement et socialement l'espace urbain devenu complexe en vue d'assurer l'unification la plus harmonieuse et la plus efficace des fonctions que remplit un site donné, en particulier l'habitation et la circulation.

La définition de l'urbanisme comme théorie et pratique de l'aménagement urbain serait toutefois incomplète si elle n'intégrait pas la dimension esthétique. Il n'est pas d'ordonnancement de l'urbanisation qui n'obéisse à des canons esthétiques, quels que soient leur valeur, leur filiation culturelle, leur degré d'académisme ou d'audace innovante. Grand ordonnateur de la ville, l'urbaniste pense et projette sur le tissu urbain un réseau de rapports entre les surfaces pleines (bâties ou à bâtir) et les surfaces vides (jardins, places, voies), entre la largeur des voies et la hauteur des constructions, entre les caractéristiques architecturales des bâtiments eux-mêmes, etc.

Toutes ces exigences furent très tôt formulées par l'un des plus grands théoriciens de l'histoire de l'urbanisme, Leon Battista Alberti (1404-1472), qui en énonça le principe dans son *De re aedificatoria*, publié en 1483. Il composa cet ouvrage en se référant explicitement à Vitruve, l'architecte romain du Ier siècle avant notre ère, dont les *Dix Livres d'architecture*, redécouverts en 1415, constituent sans doute la plus grande théorie systématique de l'espace produite par l'Antiquité. Alberti identifie ce qu'aujourd'hui nous nommons urbanisme — et qui était dénommé à l'époque « art urbain » — avec l'architecture elle-même. Ainsi réfléchit-il l'espace urbain dans la métaphore de l'édifice, comparant la ville à une grande maison et la maison à une petite ville. Trois principes doivent, selon lui, présider à l'économie générale de la ville-maison : la loi qui est au fondement de la vie sociale, comme une nécessité naturelle (*necessitas*) ; l'exigence d'une adaptation de l'ordre urbain aux usages de la vie courante et aux usagers eux-mêmes, la commodité (*commoditas*) ; enfin un idéal de beauté, voire de « volupté » (*voluptas*), entendu comme parfaite justesse des proportions.

Dans la Grèce antique, la structuration de l'espace de la ville se caractérise par la division entre la ville haute, portant l'Acropole, et la ville basse, où se situe l'Agora, d'une part, et par l'invention du plan orthogonal, dit « en échiquier » ou « en damier », d'autre part. Les Romains adoptèrent à leur tour des plans réguliers, divisés selon deux perpendiculaires, le *decumanus* dans l'axe Est-Ouest et le *cardo* dans l'axe Nord-Sud, à l'intersection desquels se situe souvent le *forum*, l'équivalent de *l'agora* grecque.

Sous l'effet de l'évolution démographique et de l'expansion économique, l'essor urbain est essentiellement déterminé au Moyen Âge par des questions d'ordre pratique : le quadrillage régulier des Romains cède la place à un tissu urbain composé de rues étroites autant que tortueuses qui n'exclut pas une organisation des quartiers, différenciés notamment selon les métiers. Cette croissance va entraîner la construction de fortifications successives autour de la cité et définir ainsi un modèle de ville concentrique.

À l'époque de la Renaissance, la ville devient l'objet d'une représentation globale et d'un discours propre qui en pense et en planifie l'ordonnancement, tandis que des artistes, travaillant sous l'autorité des princes et l'impulsion des papes, la transforment en « espace savant ». La tendance est alors au plan radioconcentrique : un polygone ordonné autour d'une place centrale d'où rayonnent, dans une parfaite symétrie, des rues rectilignes, ce qui permet de créer des perspectives monumentales. L'école de la Renaissance se prolongera au XVIIe siècle sous deux formes différentes : le style baroque et le style classique.

Cette volonté d'organisation et d'agencement global de l'espace urbain se renforce encore après le gigantesque tremblement de terre qui détruit la plus grande partie de Lisbonne, le 1er novembre 1755. Le séisme — dont l'épicentre se situait dans l'océan Atlantique et dont les sismologues estiment aujourd'hui la magnitude à 9 sur l'échelle de Richter — fut suivi d'un *tsunami* qui dévasta toute la partie basse de la capitale portugaise et par de multiples incendies. Des répliques furent ressenties en Europe jusqu'en Angleterre et en Finlande, et le tsunami traversa la Méditerranée pour ravager les côtes d'Afrique du Nord, particulièrement au Maroc. 90 000 des 275 000 habitants de Lisbonne trouvèrent la mort dans cette catastrophe qui provoqua, en outre, une controverse philosophique restée célèbre entre Voltaire et Rousseau sur la croyance dans l'idée de progrès.

Chargé par le roi Joseph Ier de la reconstruction, son Premier ministre, Sebastiao de Melo, marquis de Pombal, engagea architectes et ingénieurs et réussit en quelques mois à dégager les ruines et à lancer le chantier. Le marquis de Pombal, avec l'accord du souverain, tint à profiter de cette occasion pour édifier une ville nouvelle et parfaitement ordonnée : les grandes places, les avenues larges et le plan quadrillé devaient caractériser la nouvelle Lisbonne. À quelqu'un qui l'interrogeait sur l'utilité de rues aussi spacieuses, le marquis de Pombal répondit : « *Un jour, elles seront petites.* »

De plus, les bâtiments construits sous l'égide de Pombal comptent parmi les premiers exemples de constructions antisismiques au monde. De petits modèles en bois furent construits pour procéder à des tests, et des tremblements de terre furent simulés en faisant défiler des troupes autour. Le nouveau centre-ville de Lisbonne, connu désormais sous le nom de « centre pombalin », est aujourd'hui l'une des attractions touristiques les plus prisées de la ville. Des quartiers d'autres villes portugaises furent aussi reconstruits selon les principes de Pombal, comme la Vila Real de Santo António dans l'Algarve.

Ce n'est que dans la seconde moitié du XIXe siècle qu'apparaîtront les termes « urbanisme » et « urbanisation ». Le vrai créateur du mot fut probablement Ildefonso Cerdá y Suñer (1815-1879), responsable du plan de l'extension de Barcelone (1860) et auteur en 1867 de la *Théorie générale de l'urbanisation*. Le néologisme de *urbanización* y désigne une « matière neuve, intacte et vierge » à laquelle Cerda entend conférer un statut scientifique. Dans le Bulletin de la Société de géographie de Neufchâtel, Paul Clerget définit, en 1910, l'urbanisme comme *« l'étude systématique des méthodes permettant d'adapter l'habitat, et plus particulièrement l'habitat urbain, aux besoins des hommes ».*

À la fin du XIXe siècle, la révolution haussmannienne constitue incontestablement l'acte de naissance de l'urbanisme moderne. De 1853 à 1870, le baron Georges Eugène Haussmann, préfet de la Seine, remodèle Paris à partir d'un véritable plan global d'urbanisation. Il perce de nombreux grands boulevards, en élargit d'autres, crée des parcs et jardins, des gares, des théâtres, et assainit la ville en creusant plusieurs centaines de kilomètres d'égouts. Il donne ainsi à la capitale un visage qui est, encore aujourd'hui, en grande partie le sien.

Mais, outre les grands travaux d'aménagement, Haussmann dote aussi Paris d'une véritable organisation. La division de la ville en arrondissements cohérents géographiquement et sociologiquement est une autre révolution, surtout lorsque ces

arrondissements se voient dotés d'une mairie à laquelle sont
délégués certains pouvoirs par la mairie de Paris. Plusieurs sta-
tuts ont successivement régi la capitale et d'autres grandes
cités subdivisées de la même manière (Lyon, Marseille), mais
tous ont peu ou prou obéi à la même logique : respecter le
principe de subsidiarité, c'est-à-dire faire traiter au niveau des
mairies d'arrondissement ce qui peut y être traité, et ne faire
remonter vers la mairie centrale que ce qui concerne la ville
dans sa globalité. En d'autres termes, effectuer le dosage entre
mutualisation ou séparation des informations et des décisions.

Évolution des systèmes d'information

L'évolution des entreprises a suivi, depuis le XIXe siècle, le
même cours que l'évolution des villages ou des bourgs. La
complexité croissante de l'entreprise s'est répercutée sur ses
processus puis sur son système d'information. Au milieu des
années 1990, il est apparu que la complexité du système
d'information devenait un problème vital pour les entreprises.

Pour bien comprendre ce phénomène, il faut remonter dans
l'histoire. Les années 1960 sont marquées par l'émergence de
l'informatique, avec les premières possibilités de collecte, de
tri, de mise en mémoire, de stockage, de transmission et d'utilisation des informations. Dans les débuts, ces techniques
n'engendrent que quelques applications avec peu de liens entre
elles, les domaines concernés par ces applications restant relativement indépendants.

Dans un second temps, des années 1960 aux années 1980, on
assiste à l'informatisation progressive des processus stables et
récurrents de l'entreprise : paie, comptabilité, production. Ce
stade met en jeu quelques dizaines, voire quelques centaines
d'applications informatiques, avec de plus en plus de liens

entre elles, les domaines d'application étant de moins en moins indépendants.

Depuis la fin des années 1980, l'informatisation gagne de nouveaux domaines aux processus non récurrents : aide à la décision, marketing, vente, intelligence économique, veille technologique. L'informatique passe du *back-office* au *front office*, embrasse désormais toute l'entreprise, intègre tous ses liens, grâce à plusieurs milliers d'applications informatiques très fortement reliées entre elles.

Le système informatique d'une entreprise est progressivement devenu « un énorme plat de spaghettis » dont la complexité a crû de façon exponentielle avec le nombre d'applications et le nombre de liens entre ces différentes applications.

Cette complexité croissante a longtemps fait le jeu des spécialistes logés dans les directions des services informatiques, seuls à posséder la compétence technique permettant de démêler cet écheveau. Ils étaient donc pourvus d'un pouvoir important sur la circulation — ou la rétention — des informations au sein de l'entreprise, ce qui n'était pas sans influence sur la manière dont cette dernière devait définir son organisation, voire sa stratégie. Mais les temps ont changé.

Depuis les années 1990, en effet, le système d'information irrigue directement le cœur des métiers, automatisant progressivement les activités opérationnelles et leur pilotage. Le système d'information intervient donc de plus en plus dans la mise en œuvre opérationnelle des intentions stratégiques. De ce fait, se crée un lien fort entre le système d'information d'une entreprise et sa stratégie. La complexité du système d'information rejaillit sur les processus et, par voie de conséquence, sur l'organisation de l'entreprise. Elle est déterminante sur la capacité de cette organisation à réagir et à évoluer.

Cette capacité de l'organisation d'une entreprise à réagir et à évoluer est considérée comme un véritable avantage concurrentiel. La résolution du problème de la complexité est donc devenue un problème majeur dont l'importance n'a fait que croître jusqu'à aujourd'hui.

Le cas « *historique* » *du Crédit Lyonnais pour Altime*

En 1994, Pascal Lamy devient membre du comité exécutif du Crédit Lyonnais. Le président de la banque, Jean Peyrelevade, lui confie, entre autres, le fonctionnement de l'informatique du groupe. Pascal Lamy réalise alors lui-même un audit du système, et son constat tombe rapidement : « *Trop lourd, trop lent, trop cher* »[1]. Plus grave : le système informatique de la banque est en train de devenir un handicap dans la course à la rentabilité, à la réactivité et à la satisfaction du client, exigences découlant directement de la déréglementation du secteur bancaire.

Pascal Lamy décide alors de lancer une refonte du système d'information et de sa gouvernance, refonte qui aura pour objet de résoudre des questions essentielles : comment reprendre en main le développement de l'informatique et la mettre au service des priorités de l'entreprise ? Qui sont les clients et quels sont les métiers ? Comment redonner de la souplesse et des degrés de liberté à des systèmes rigides, imbriqués, construits par empilement de couches successives sans vision d'ensemble ? Comment arbitrer entre diverses opportunités de

---

1. Lire à ce sujet : *Urbanisation du business et des S.I.*, Gérard Jean, Éditions Lavoisier, 2000.

développement informatique ? Comment permettre à l'entreprise d'adapter rapidement son offre produits à l'évolution du marché et de la réglementation, c'est-à-dire comment mettre plus vite ses produits sur le marché pour ne pas perdre de terrain par rapport à une concurrence de plus en plus vive ? Comment avoir une vision globale et cohérente des risques au niveau de l'entreprise ?

Chargés d'élaborer cette réforme, nous décidons de partir d'un principe de base élémentaire : découper un système complexe en sous-systèmes simples et homogènes. Le découpage en sous-systèmes permet non seulement de clarifier et de simplifier, mais aussi d'introduire une gouvernance à deux niveaux : 80 % des problèmes posés peuvent être résolus à l'intérieur d'un sous-système cohérent, 20 % seulement nécessitent de faire appel à une prise de décision à un niveau supérieur. Il s'agit là d'appliquer le principe de subsidiarité qui recommande de traiter les problèmes au niveau où ils se posent, en faisant remonter vers les échelons supérieurs uniquement les problèmes que les échelons inférieurs ne sont pas capables de résoudre. Ce principe conduit aussi à déterminer les niveaux de mise en commun des informations et de prises de décision, c'est-à-dire un véritable « Plan de Gouvernance » de l'entreprise.

Cette méthode rappelle fortement celle utilisée par les urbanistes de la fin du XIXe siècle. Cette comparaison était d'ailleurs utilisée par Pascal Lamy lui-même : « *L'informatique du Crédit Lyonnais,* déclarait-il dans une interview parue dans *Urbanisation du business et des S.I., s'est, à la manière de certaines mégalopoles, développée sans* plan d'urbanisme *et selon une logique orientée vers la production et la comptabilité. Elle n'est, du coup, pas assez proche du client et pas assez cohérente. Il s'agit maintenant de construire une logique qui* parte du client. »

Ce n'est donc pas un hasard si le plan de refonte du système d'information du Crédit Lyonnais portera le nom d'URBI, signifiant « urbanisation du système d'information ». Mais que signifie exactement le concept d'urbanisation dans ce contexte ?

L'urbanisation, du génie civil à l'informatique

L'examen du vocabulaire employé prouve à l'envi que l'informatique a constamment fait des emprunts au génie civil et au secteur du bâtiment et travaux publics. On parle de construction, d'architecture, de maîtrise d'œuvre, de maîtrise d'ouvrage, et enfin d'urbanisme. Il faut toutefois noter que le vocabulaire anglo-saxon, s'il emploie également le mot architecture en informatique, n'a pas de traduction simple pour « urbanisme » ou « urbanisation » : on utilisera des termes comme *City Planning*, ou mieux encore *Enterprise Architecture*, qui font, eux aussi, référence à l'univers de la ville et de la science urbanistique.

L'analogie est d'ailleurs frappante entre l'évolution d'une ville et celle du système d'information d'une entreprise. Celle-ci se trouve, elle aussi, confrontée la plupart du temps à une croissance anarchique, « buissonnante », qui se traduit par une topologie complexe et éclatée de son système d'information. Il est vrai que le dirigeant d'une entreprise, lors de sa création, n'a pas pour première préoccupation de concevoir une informatique qui pourra encore convenir à ce que sera l'entreprise cinq ou dix ans plus tard, donnée qu'il ne possède évidemment pas. Un tel souci n'est pas celui d'une entreprise qui démarre, d'autant que le retour sur investissement, que nécessiterait une semblable recherche, ne justifierait pas cette dépense aux premiers temps de l'entreprise. Le dirigeant ne pense pas au départ de manière

« urbanisée » : il cherche d'abord à assurer le développement de la société et adapte généralement son système d'information à ce développement de manière empirique, en accumulant des strates. Jusqu'à ce qu'il perçoive, comme Pascal Lamy au Crédit Lyonnais, que cet « empirisme désorganisateur » devient pour lui un désavantage concurrentiel.

La métaphore de l'urbanisation est alors évidente. Comme dans le cas d'une ville existante, il est là aussi exclu de tout raser pour repartir de zéro : il faut reconstruire morceau par morceau, au fur et à mesure des possibilités techniques et financières. Cette reconstruction doit, certes, obéir à un plan d'ensemble et à des règles qui définissent une cible et une trajectoire de transformation, mais ne peut être mise en œuvre que de manière essentiellement progressive et pragmatique.

Urbaniser le système d'information d'une entreprise — ou d'une organisation en général car les administrations sont concernées au premier chef par les systèmes d'information —, c'est « définir un cadre cohérent, stable et modulaire, dans lequel viendront s'insérer les développements informatiques ».

Démêler le « plat de spaghettis »

Comme dans l'urbanisation de la ville, l'urbanisation du système d'information définit, avec une volonté d'anticipation des besoins, un découpage et de grands principes de construction, afin que le système d'information dispose des degrés de liberté lui permettant d'évoluer avec la stratégie et l'organisation de l'entreprise. L'objectif d'une telle démarche, comme on l'a vu plus haut à travers l'exemple du Crédit Lyonnais, est de mettre le système d'information au service des priorités de l'entreprise, qui sont le client et les métiers.

Pour ce faire, il nous a fallu démêler « l'énorme plat de spaghettis » dont nous faisions mention au début de ce chapitre lorsque nous avons décrit l'état dans lequel une croissance rapide et anarchique avait mis le système d'information.

Nous avons commencé par imaginer un système d'information idéal pour le Crédit Lyonnais redonnant des marges de manœuvre stratégiques et opérationnelles aux métiers (dénommé « système d'information base zéro »). Quelle meilleure façon de le faire que de restructurer le système d'information autour des fonctions qu'il doit rendre ? Automatiser la production, la distribution, la facturation, etc., en analysant comment les différents métiers de la banque — par exemple, la banque de détail, la banque d'investissement — utilisaient ces différentes fonctions dans leurs activités de tous les jours. Nous avons ainsi pu identifier les découpages nécessaires du système d'information en grands quartiers ; nous nous sommes vite aperçus qu'il s'agissait là de véritables invariants métiers, indépendants des évolutions de l'organisation (en général fort changeante !). Mais ce n'était pas suffisant. Nous avons ensuite construit les canaux qui transporteraient les informations d'une fonction à l'autre et les entrepôts qui stockeraient les informations.

Après avoir décrit ce système d'information idéal, organisé son plan d'urbanisme en beaux quartiers, avenues et entrepôts, encore fallait-il le concrétiser. Une autre aventure commençait : l'urbanisation concrète du système d'information.

Une première étape a permis de désimbriquer les applications à périmètre fonctionnel identique en normalisant les échanges et le partage de données : en gros, cela revient à percer les avenues haussmanniennes du système d'information et à construire les entrepôts de stockage communs.

Ensuite, nous avons appliqué aux projets d'évolution des applications du système d'information, les principes, règles et découpages définis par le plan d'urbanisme et qui garantissent les degrés de liberté pour l'avenir : petit à petit, au fur et à mesure des projets, le système d'information a été restructuré par quartier. Il est devenu plus souple, plus flexible, plus réactif.

Réaliser l'urbanisation du système d'information du Crédit Lyonnais fut une opération d'envergure qui s'est inscrite dans la durée. Il s'est donc révélé essentiel de disposer d'une description relativement stabilisée de la cible à atteindre, c'est-à-dire d'une modélisation stable du fonctionnement recherché pour l'entreprise. Il fallut, par conséquent, s'abstraire de son organisation interne, éminemment changeante. Souvenons-nous que dans certaines entreprises, surtout américaines, l'organisation est profondément modifiée tous les ans. Cette description du fonctionnement existe : c'est la modélisation de l'entreprise par les processus. Elle s'appuie sur une grammaire et un langage communs pour décrire comment la vision stratégique des dirigeants s'inscrit dans la pratique de l'entreprise.

Du système d'information à l'ensemble de l'entreprise

Au fur et à mesure que nous réalisions des missions d'urbanisation des systèmes d'information chez nos clients, dans la banque, les services et ensuite l'industrie, nous nous sommes rendu compte que, pour être complète et efficace, l'urbanisation ne pouvait se borner au seul système d'information. De plus en plus, on nous demandait de réaliser un véritable alignement entre la stratégie, le système d'information et la façon dont l'entreprise s'organisait concrètement pour déployer la stratégie de façon performante. En d'autres termes, les directions générales nous demandaient non seulement de simplifier leur système d'information, mais également de simplifier le fonctionnement de leurs organisations, de redéfinir les rôles et responsabilités de chacun, d'organiser la circulation des flux au-delà du système d'information, dans l'entreprise tout entière. Il ne s'agissait plus d'urbaniser le système d'information, mais bel et bien d'urbaniser le « business » de l'entreprise lui-même.

De Bouygues à Bouygues Telecom

L'exemple de Bouygues Telecom est, à cet égard, éloquent. Philippe Montagner, son président de 1997 à 2004, raconte : « *Lorsque nous nous sommes lancés dans la téléphonie mobile, nous avions la culture BTP, celle du groupe Bouygues, d'où nous étions presque tous issus. C'est une culture projet, adaptée à un chantier précis et limité dans le temps, avec obligation de respecter les délais et la rentabilité. Ceci se traduit par une organisation verticale, hiérarchique, de l'entreprise, orientée prioritairement sur l'activité et peu sur le client. Cette tendance s'est confirmée dans les débuts de Bouygues Telecom, où notre première priorité a consisté à développer le réseau, ce qui était proche de notre* culture chantier, *et où l'organisation classique fonctionnait.* »

Mais les problèmes surgirent ensuite, lorsqu'il s'est agi de l'exploitation du réseau, c'est-à-dire de la conquête et de la conservation d'une clientèle dans un univers hyperconcurrentiel. « *Nous nous sommes rapidement trouvés confrontés à une dérive des coûts informatiques, une problématique à laquelle nous étions peu sensibilisés. Très vite, l'étude menée a montré que cette dérive venait en grande partie de ce que notre entreprise n'était pas orientée processus, c'est-à-dire vers le client, et qu'elle avait conservé*

son organisation traditionnelle. Ainsi des décisions marketing pou-
vaient-elles être prises sans qu'aient été évaluées leurs conséquences
sur le reste de l'entreprise. Par exemple, une campagne pour proposer
des tarifs spéciaux pendant l'été, et attirer par ce biais une clientèle
nouvelle, n'avait pas pris en compte le coût des appels téléphoniques
(sur numéro vert, donc supportés par Bouygues Telecom) passés par
les clients désireux de bénéficier de cette offre. Il nous fallait un sys-
tème d'information capable de prendre en compte ces données, ce qui
supposait une autre organisation de l'entreprise : horizontale et non
plus verticale, axée sur la continuité des processus et tournée vers les
clients. Pour cela, j'ai instauré ce que nous avons appelé des "lignes
de marché".

« *Le tout,* conclut Philippe Montagner, *est de trouver le bon*
dosage, car on ne peut pas non plus négliger les paramètres liés à
l'activité elle-même. Mais il est beaucoup plus facile d'arriver à un
équilibre satisfaisant une fois que l'on a vraiment intégré la culture-
client. Quoi qu'il en soit, une chose est sûre : la résolution de notre
problème informatique était indissociable de la modification de notre
organisation. Mais, pour que ce changement d'organisation et de
culture se passe bien, il fallait qu'il soit compris et admis par tous.
En cela, les méthodes d'urbanisation, permettant de faire apparaître
graphiquement les processus, ont été un atout irremplaçable. »

Un exemple d'urbanisation du business : la séparation des activités de distribution et de production dans la banque de détail

Si la séparation des activités de distribution et de production est une réalité déjà ancienne pour la vente de biens (enseignes de distribution *versus* marques de fabricants, sous-traitants des marques, etc.), il en était tout autrement dans les activités de services, hormis peut-être le secteur du tourisme, jusqu'à ces dernières années.

Ce mouvement est resté pendant longtemps assez marginal, notamment dans les activités financières des banques et sociétés d'assurances ou dans les *utilities*, électricité, par exemple. Cette période semble toutefois révolue sous la pression de la concurrence, de la déréglementation et du contexte économique qui pousse à rechercher diminution des coûts et économies d'échelles.

Ces facteurs conduisent ces entreprises à des stratégies qui reposent toutes sur une séparation des activités de distribution et de production. Ces orientations stratégiques ont des objectifs divers : rechercher une taille critique ; vendre des produits via de nouveaux canaux et de nouvelles filières de distribution ; abandonner certaines productions internes pour vendre des produits de partenaires ; ou encore fusionner avec d'autres entreprises pour exploiter au mieux leurs atouts respectifs dans la production et la distribution.

Les banques de taille mondiale ont, à cet égard, bien montré leur capacité à s'adapter à la complexité de la mondialisation. L'évolution de la Banque HSBC, par exemple, est révélatrice. La Hong Kong & Shanghai Banking Corporation s'est d'abord développée durant de nombreuses années sur un axe quasi unique, la géographie. Depuis vingt ans, HSBC a bouleversé son modèle d'origine, en l'organisant sur de nouveaux axes. Ce n'est plus la géographie qui prime, mais un ensemble de critères qui correspondent à une optimisation de son activité. HSBC a, par exemple, décidé de localiser des pans entiers de son activité de production de crédit en Asie ou ses centres de développements informatiques au Canada.

> Son rachat du CCF en France s'inscrit lui dans un autre cadre : ce n'est pas tant le territoire français qui intéressait la banque, mais la capacité du CCF à devenir la « Banque Euro » du groupe.

Simplifier constitue une démarche stratégique

Le cas Bouygues Telecom met en évidence que l'*urbanisation de l'entreprise* est un prérequis indispensable à la réussite de l'urbanisation du système d'information. Le découpage explicite du fonctionnement de cette entreprise a permis de structurer intelligemment son système d'information et d'en améliorer la performance propre.

Forts de dix ans d'expérience dans l'urbanisation et l'alignement stratégique du système d'information, nous avons pu établir des analogies. Faciliter l'évolution de l'entreprise face à son environnement peut procéder de la même démarche et viser les mêmes types d'objectifs que l'évolution de son système d'information.

Pour s'orienter sur des marchés mondiaux et se confronter aux transformations qui ne cessent d'affecter l'entreprise, il faut simplifier, toujours simplifier. Celui qui se perd dans la ville retrouve son chemin quand il étudie le plan affiché devant lui. Il sait maintenant là où il est et peut calculer le meilleur itinéraire pour aller là où il veut se rendre. Il lui faut des repères simples qui réduisent tout ce qui bouche son horizon. Il en est de même dans l'entreprise : une bonne représentation est une représentation qui permet de voir loin, de façon claire et distincte.

Les travaux de Michael Porter, qui seront développés au chapitre suivant, nous ont donné le cadre d'une modélisation qui traduit les grands choix stratégiques de l'entreprise. Comme nous le verrons plus loin, le Damier Stratégique et le Plan de Gouvernance, en intégrant les contraintes d'*urbanisation du business*, étendent et complètent cette modélisation. Ils permettent, sur la même représentation graphique, d'illustrer les choix stratégiques et de prendre des décisions d'organisation. Ils seront donc les outils privilégiés au service de l'urbanisation du business des entreprises.

Comme nous le verrons également dans les chapitres ultérieurs à travers un certain nombre de cas concrets, l'urbanisation du business des entreprises par la méthode du Damier Stratégique et du Plan de Gouvernance n'a pas pour unique application, loin s'en faut, l'urbanisation des systèmes d'information. Elle peut permettre aussi bien de faciliter la transformation d'une entreprise monoproduit et monomarché en entreprise diversifiée et internationale, la fabrication d'outils communs à la suite d'une fusion, la création d'un véritable groupe européen à partir d'entités nationales autonomes, voire même la redéfinition de l'activité d'une entreprise aux services et aux clientèles très dispersés.

Tous ces exemples le démontreront amplement : le Damier Stratégique et le Plan de Gouvernance sont aujourd'hui de précieux outils de management.

CHAPITRE 3

Chaînes de valeur et modélisation de l'entreprise

Nous venons de voir que l'urbanisation consiste à découper l'entreprise en quartiers stables, pérennes, indépendants des organigrammes. Elle est un moyen nécessaire pour simplifier sa complexité, mais elle ne suffit pas à la tâche car elle n'indique pas comment faire le découpage. Nous préconisons un découpage qui permette à l'entreprise de se concentrer sur ses forces de développement, sur l'avantage concurrentiel. Nous sommes, en effet, convaincus que la réussite de l'entreprise passe par la mise en avant de ses avantages concurrentiels, par sa différenciation sur ses marchés cibles et par son orientation client.

Nous expliciterons, dans ce chapitre, comment nous avons intégré les travaux de Michael Porter pour faire évoluer l'analyse stratégique vers l'*urbanisation du business*. La meilleure voie nous semble le retour d'expérience, concret et pragmatique, de chantiers menés chez nos clients. Le Damier Stratégique et le Plan de Gouvernance seront développés dans les chapitres suivants.

De la stratégie au modèle vivant

Nouveaux marchés, nouvelles offres, évolutions sectorielles, économiques et concurrentielles, révolutions partielles des marchés, tous ces changements participent de la vie de l'entreprise et accroissent sa complexité avec le temps.

L'histoire de la MAIF le montre bien : à partir d'une origine bien identifiée — l'assurance pour les enseignants —, la croissance de la mutuelle, sa création de nouveaux produits couplée avec l'ouverture à de nouveaux sociétaires l'ont fait évoluer d'une organisation simple à une organisation complexe. L'effet de taille n'est jamais strictement homothétique : la multiplication des offres, la création de filiales et la nécessité des innovations engendrent une complexité qui ne peut être maîtrisée qu'au prix d'une réelle dépense d'énergie.

L'enjeu, pour l'entreprise, est de trouver des situations d'équilibre temporairement stables en se reconfigurant à temps et à bon escient, pour répondre aux nouvelles donnes du marché. Pour toute entreprise, le risque réside dans le fait que cette dynamique naturelle du marché, fonction de sa vitalité, n'accroisse en retour la complexité du fonctionnement, de l'offre, de l'organisation. Faute de régulation, cette complexité, à l'origine dynamique et vivante, devient entropique et destructrice de valeur.

Ne l'oublions jamais, cette complexité croissante dans la vie d'une entreprise qui fonctionne bien provient du mouvement d'adaptation permanent qui l'agite. De ce fait, c'est en recherchant des invariants dans le mouvement lui-même que l'on parvient à simplifier la représentation de l'entreprise et à la rendre beaucoup plus intelligible. La difficulté propre à cette recherche peut s'exprimer ainsi : d'un côté, il faut repérer les invariants pertinents et, d'un autre côté, ces derniers doivent en même temps permettre à l'entreprise de se mettre en mouvement, c'est-à-dire de déployer des stratégies qui la fassent progresser.

Pour réfléchir et bien agir sur un objet complexe, il faut pouvoir se le représenter. Formalisons donc le mieux possible cette représentation, afin d'en proposer la version la plus claire et la plus distincte — comme aurait dit Descartes. La question essentielle qui se pose alors est la suivante : quels critères de division ou de découpage utiliser pour que la vie même de l'entreprise y garde son sens et que la formalisation soit effectivement efficace ?

Nous connaissons l'objectif : une formalisation modulaire qui permette la plus grande flexibilité dans la réflexion stratégique. Autrement dit, le processus de formalisation et la recherche des invariants doivent aboutir à la résolution de problèmes d'organisation, de performance, de qualité ou de système d'information. Chaque invariant repéré comme tel doit avoir une sorte de destin stratégique propre susceptible d'enrichir la stratégie globale de l'entreprise.

Le sens de la modélisation

La notion de modèle est souvent critiquée dans des approches macro ou microéconomiques. Elle évoque le fait que l'on plaque une abstraction sur une réalité vivante. En somme, elle suggère l'esprit de système dans la mesure où elle peut laisser penser qu'il existe un modèle unique, un paradigme dont chaque entreprise devrait s'inspirer. Aussi a-t-on souvent entendu des chefs d'entreprise réagir contre les modèles qu'on leur imposait sur le thème « *Chez nous ce n'est pas comme ailleurs* ».

Nous croyons qu'il faut respecter la réalité intime de chaque entreprise qui a son âme, son identité ou sa culture. Si nous tenons cependant à une « modélisation de l'entreprise », c'est presque au sens des modèles qu'utilisent les biologistes pour simplifier la représentation du vivant et à partir desquels ils peuvent formuler des hypothèses et conduire des expériences pour mieux appréhender certains aspects de la réalité : à partir d'une modélisation morcelée — segmentée — assez finement déconstruite pour que la reconstruction soit possible et que le résultat corresponde à leurs patientes approximations du vivant.

Les recherches sur le vivant ont permis, depuis le milieu du siècle dernier, de modéliser l'ADN sous la forme d'une macro-molécule biologique formée par deux chaînes complémentaires qui s'emboîtent tout en s'enroulant l'une autour de l'autre pour former une double hélice. Ainsi commença-t-on à en comprendre le rôle : la connaissance des gènes est, en effet, une étape indispensable à la compréhension des phénomènes biologiques au niveau moléculaire et cellulaire. Ces recherches ont trouvé leur prolongement naturel dans le projet de séquencement du génome humain qui a mobilisé la communauté scientifique depuis les années 1990 : ils ont tout d'abord cartographié les chromosomes, puis les liaisons entre les chromosomes avant de les décoder sous la forme d'un séquençage le plus proche possible de la réalité. Le modèle cartographié et séquencé, aujourd'hui achevé à 99,99 %, est la base nouvelle du développement des recherches en médecine, la production de nouveaux médicaments, la biotechnologie, les applications agroalimentaires ou environnementales...

Autrement dit, la notion de modèle doit se comprendre dans sa dimension heuristique, comme disent les chercheurs : elle sert à comprendre, à interpréter, à décrypter les réalités les plus complexes. Ainsi, la connaissance avance-t-elle, toujours en prise avec l'action.

Michael Porter : une révolution copernicienne

Depuis que l'entreprise est devenue un objet de réflexion et de conseil, de nombreux théoriciens ont proposé des modèles d'organisation ou d'analyse. Sans passer en revue l'ensemble des approches qui ont permis de formaliser cet organisme vivant et complexe qu'est l'entreprise, il nous semble nécessaire de revenir sur la contribution de Michael Porter. En effet, elle constitue une *révolution copernicienne* dans la perspective nouvelle qui a permis d'envisager l'entreprise sous un jour différent : si nous ne prenions en compte que notre expérience immédiate, nous penserions encore que le soleil se lève et se couche ; il a fallu une rupture avec notre expérience subjective pour comprendre que la Terre tourne autour du Soleil. De même, l'entreprise ne peut s'en tenir à sa propre expérience pour se connaître elle-même, il lui faut s'analyser en partant des clients.

Bien qu'elle date de la fin des années 1980, la contribution de Porter reste décisive. Mieux encore, elle a gagné en pertinence avec le temps, puisqu'elle constitue un véritable discours de la méthode à l'époque d'une économie mondialisée : la mondialisation montre tous les jours la nécessité d'une modélisation qui permette à l'entreprise de gagner un avantage concurrentiel dans l'une ou l'autre séquence de ses activités.

Le client au centre de la modélisation

Une dimension nouvelle est à prendre en compte dans ce désir commun qui permet de parler, *stricto sensu*, de « perspective » car il s'agit d'un nouvel angle de vue : si l'entreprise doit être modélisée, ce n'est pas uniquement à partir du projet subjectif que construisent ses dirigeants, ou en essayant de s'aligner sur l'entreprise qui est leader sur son marché.

L'entreprise peut et doit être modélisée en partant de ce qui lui est extérieur, cet élément dans lequel elle vit quotidiennement, c'est-à-dire son marché. Plus exactement, la perspective nouvelle est celle du client. L'« avantage concurrentiel », au sens de Porter, devient alors stratégique car le marché est le lieu dans lequel circulent les clients potentiels et les concurrents réels.

Porter « décrit la façon dont une société peut choisir et mettre en œuvre une stratégie en vue d'acquérir et de conserver un avantage sur la concurrence » et il examine ensuite « l'interaction entre l'avantage concurrentiel et l'éventail de ses activités ». La « révolution copernicienne » consiste donc à partir d'un point de vue prioritaire qui se situe à l'extérieur de l'entreprise : celui du client. Les sociétés diversifiées ont souvent tendance à dénombrer et cataloguer leurs unités « selon qu'il faut les renforcer, les maintenir telles quelles ou en récolter les fruits mûrs ». Cette approche se justifie s'il s'agit uniquement d'affecter des ressources, mais elle ne saurait constituer une stratégie. Il faut donc bien renverser l'approche trop courante qui consiste à penser la stratégie à partir de l'organisation : la logique nouvelle part du client, plus précisément de l'avantage concurrentiel, puis en déduit une stratégie qui implique une organisation.

Une innovation primordiale : la chaîne de valeur

Ces questions de langage, associées à cette révolution copernicienne, sont nommées par les philosophes « ruptures épistémologiques ». L'histoire des visions de l'entreprise n'est pas plus continue que celle des sciences : les mêmes mots changent brutalement de contenu car l'environnement se transforme et ils sont devenus incapables d'embrasser les complexités nouvelles. Parfois, il faut en changer, parfois, il faut les conserver car leur usage courant permet une simplicité du langage. Nous ne croyons pas qu'un vocabulaire complexe soit le plus adapté pour aborder la complexité. Mais la simplicité, qui constitue une économie d'énergie dans la réflexion et dans sa communication orientée vers l'action, ne doit jamais obérer la complexité objective ni la réduire en des formules toutes faites dont le contenu échappe aux multiples interlocuteurs de l'entreprise.

Pour nous, c'est la découverte essentielle de Porter : l'élément clé de l'organisation n'est rien d'autre que la chaîne de valeur. Cette dernière notion, qui est maintenant passée dans le langage commun des entreprises, permet en effet de décomposer l'entreprise en ses divers stades de création de valeur, ses « domaines de valeur » — conception, production, commercialisation, distribution, etc. — de façon à mettre en évidence le « champ concurrentiel » qui concerne l'étendue de ces activités. Ces « domaines de valeur » sont les lieux où sont regroupées les compétences de l'entreprise correspondant à des activités homogènes.

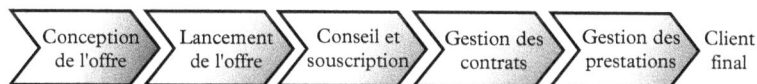

Conception de l'offre — Lancement de l'offre — Conseil et souscription — Gestion des contrats — Gestion des prestations — Client final

Figure 1 — Exemple de chaîne de valeur dans le secteur de l'assurance

La chaîne de valeur constitue une approche nouvelle de l'organisation car elle n'est pas isolée : elle ne peut être conçue sans intégrer en amont les fournisseurs et en aval les clients, eux-mêmes dotés de chaînes de valeur qui leur sont propres. Le concept de chaîne prend ainsi tout son sens : bien que les activités soient liées les unes aux autres, en donnant le sentiment d'une continuité, il faut parvenir à les distinguer pour améliorer les « maillons faibles ». C'est une tentation courante de vouloir envisager l'entreprise dans sa globalité.

Or l'entreprise est insérée dans un système de contraintes dont elle ne s'affranchit qu'en rêve ! Ces contraintes ne s'expriment pas uniquement dans la valeur que les clients sont prêts à payer pour ce qu'une entreprise leur offre. Si c'était le cas, toutes les entreprises d'un même secteur devraient avoir la même chaîne de valeur et globalement être bâties sur le même modèle. L'expérience nous montre que ce n'est pas le cas : l'histoire et la culture singulières d'une entreprise, la répartition géographique de ses clients, sa gamme de produits aboutissent à des identités très différentes. Le marché n'est pas un lieu d'homogénéisation. En revanche, il impose une profonde réflexion sur chaque chaîne de valeur spécifique.

Dans le marché du cosmétique, L'Oréal et Procter & Gamble sont des exemples frappants d'identités fortement différenciées. D'un côté, une firme française qui fonde sa stratégie de développement sur un marketing très fort, qui s'est développée autour de dix marques mondiales, qui favorise l'indépendance et la créativité de chacune de ses divisions et de ses filiales ; de l'autre, une société anglo-saxonne dont la recherche d'efficacité opérationnelle structure les décisions : usines mondiales, logistique intégrée jusque dans le design des produits (plus carrés pour pouvoir être plus facilement palettisés, par exemple !), marketing de masse.

Périmètre des chaînes de valeur

La notion de liaison est consubstantielle au concept de chaîne. La démarche analytique au cœur de la désagrégation ne saurait ignorer l'importance des liaisons qui, elles-mêmes, contribuent à l'avantage concurrentiel. La façon dont s'exerce une activité créatrice de valeur a très souvent des conséquences sur le coût ou la performance d'une autre : une politique de qualité très rigoureuse et d'un coût supérieur n'est pas sans effets sur les travaux du service après-vente ou d'autres services d'accompagnement.

Depuis que Porter a proposé ses nouvelles perspectives sur la modélisation de l'entreprise, nous constatons que les rapports de force entre clients et fournisseurs se sont profondément transformés. La figure du client a pris une place beaucoup plus importante qu'auparavant dans l'imaginaire et les comportements de tous les acteurs économiques. De nombreux textes déclaratifs, chartes, codes ou valeurs se sont accumulés qui ont permis aux entreprises de prendre une conscience plus juste du souci qu'elles doivent toujours avoir d'une satisfaction croissante de leurs clients. Cette tendance positive a cependant son envers. Dans maintes entreprises, la lassitude voire l'exaspération de certains face aux exigences des clients conduit les opérateurs à reporter cette pression sur les fournisseurs sur le thème : « *À chacun son tour* ». Comme clients, ils veulent jouir d'une position qui leur est par ailleurs imposée.

L'importance du client sur la chaîne de valeur : le cas extrême de la vache folle

La crise de « la vache folle », il y a quelques années, est un bon exemple pour montrer à quel point l'exigence du client peut produire en amont des impacts sur toute la chaîne de valeur. En l'occurrence, l'exigence de sécurité alimentaire a obligé les professionnels de la filière bovine à mettre en place une traçabilité du pré à l'assiette. Pour exprimer leur exigence de sécurité alimentaire, les consommateurs ont très rapidement changé leur comportement d'achat, et cela s'est traduit par une forte baisse des ventes de viande bovine. Les acteurs de la filière agroalimentaire ont réagi, d'un bout à l'autre de la chaîne :

➤ chez l'éleveur, tous les animaux doivent obligatoirement porter une boucle d'identification individuelle. Les informations sur leur filiation, les conditions d'élevage et les traitements vétérinai-res sont repris sur les documents d'accompagnement et les registres d'élevage ;

➤ l'abatteur dispose des informations précédentes et attribue des numéros de lots aux pièces de viande ;

➤ le distributeur conserve les informations fournies par l'abatteur et assure la continuité de la traçabilité en identifiant chaque lot de produits.

La chaîne de valeur et les segments stratégiques

Les deux notions, chaîne de valeur et avantage concurrentiel, débouchent logiquement sur une première formalisation de l'entreprise. Là encore, il ne faut pas se laisser piéger par les mots : la formalisation n'induit pas une réduction des conte-nus. Au contraire, elle les prend en compte pour que chaque sous-ensemble, dans son contenu singulier, bien articulé dans une chaîne de valeur, permette de développer un avantage concurrentiel. Ce dernier est tellement décisif pour la réussite d'une entreprise que l'on nommera ces sous-ensembles, soigneusement identifiés, des « segments stratégiques ».

Ils représentent en général un niveau de regroupement homogène de l'offre de produits ou services aux marchés de l'entreprise.

Ainsi la stratégie n'est-elle plus conçue comme un discours de Maréchal d'Empire, sûr de son fait et prompt au slogan définitif, mais comme un travail minutieux et modeste qui commence par la connaissance de soi. Plus que jamais, le succès sur un marché dépend de l'intelligence que l'on investit à se connaître soi-même. Cependant, cette démarche ne relève nullement d'une introspection narcissique : l'entreprise ne se connaît elle-même que par la médiation de cette altérité cruciale que constitue le client. Cette altérité n'est guère abstraite car elle est faite de personnes morales et de personnes physiques qui contraignent la firme à s'analyser pour se connaître.

La prolifération des segments...

Les défauts de la pensée analytique sont bien connus : elle procède par abstraction pour découper le réel vivant et en vient souvent à oublier la vie elle-même sans laquelle les parties de l'organisme n'auraient pas de sens. C'est pourquoi nous tenons à insister d'abord sur ces liaisons de tous ordres qui font de la création de valeur une chaîne dont la discontinuité formelle ne doit pas faire ignorer la continuité opérationnelle. C'est aussi toute la force de cette idée originale qu'est la « chaîne de valeur » : continuité de la chaîne et discontinuité des maillons.

Il est vrai que le vocabulaire de la « segmentation » n'est pas là pour maintenir cette notion de continuité. Sans doute résidet-il, là aussi, un des aspects de la complexité ambiante. Il faut dire que l'on use et l'on abuse des segments dans les discours de l'entreprise contemporaine. Il est question de segmentation stratégique, de segmentation marketing, de segmentation produits... D'ailleurs, les entreprises ne cessent de segmenter sans parvenir à suivre ! Elles finissent souvent par envoyer les mêmes courriers à presque tous leurs clients tout en ayant passé beaucoup de temps à distinguer segments et sous-segments !

La segmentation stratégique permet aux dirigeants de définir et de s'approprier une nouvelle vision de l'entreprise et de son devenir. Ils sont alors en mesure d'allouer et de hiérarchiser les ressources (hommes, finances) pour renforcer l'avantage concurrentiel de chaque segment.

L'évolution des segments stratégiques dans les télécoms

Dans les années 1990, en phase d'émergence du marché de la téléphonie mobile, le modèle des opérateurs télécoms a évolué pour faire apparaître un nouveau segment stratégique, la téléphonie mobile. Souvent, ce segment stratégique est devenu une entité à part entière : Orange pour France Telecom, SFR pour le groupe Cegetel, etc.

Dix ans après, la maturité du segment de la téléphonie mobile rejoint celle de la téléphonie fixe : les segments stratégiques sont alors recomposés autour d'offres globales multimédias par grandes familles de clients. Cette décision est stratégique et non pas marketing. En effet, elle entraîne la réintégration des filiales au sein des maisons mères, l'harmonisation des approches client, la mutualisation de ressources auparavant séparées, bref une recomposition globale de l'entreprise.

La segmentation stratégique et l'évolution de l'économie mondiale

Avant d'aborder plus directement le contenu des segments stratégiques tels que nous pourrons les développer à l'aide du Damier Stratégique, nous redisons à quel point cette référence à Porter, sur laquelle nous insistons tant, correspond à l'évolution mondialisée de notre économie.

Les transformations majeures que connaissent les entreprises dans leur organisation depuis une dizaine d'années sont directement déterminées par l'analyse de la chaîne de valeur et la notion d'avantage concurrentiel. Porter évoquait déjà, au début des années 1980, le problème de la délocalisation. Il n'est pas possible, en effet, d'analyser un segment stratégique sans se référer à l'espace et au temps qui sont les éléments naturels dans lesquels il fonctionne et se déploie. Le verbe *délocaliser* a une acception plus large que ne l'indique son usage courant qui se réfère à l'implantation dans des zones où la main-d'œuvre est bon marché.

Délocaliser peut signifier faire produire ailleurs, c'est-à-dire aussi simplement *externaliser* un segment stratégique pour en réduire le coût ou en augmenter la qualité. Ce peut être effectivement produire à moindre coût dans un autre pays, mais ce peut être aussi produire au plus près de son marché pour réduire les frais de logistique et de distribution.

L'avantage concurrentiel ne constitue pas une donnée fixe et immuable ni dans le temps ni dans l'espace. Dans l'histoire des pays industrialisés, le marché sous toutes ses formes a déplacé l'avantage concurrentiel. Concentré sur les processus de production au XIXe siècle, il s'est progressivement déplacé vers les processus de distribution au XXe siècle, ce qui a causé des problèmes d'adaptation à maintes entreprises trop focalisées sur une vision d'ingénieurs. Nous parlons beaucoup aujourd'hui d'une économie des services ou d'une tertiarisation de l'économie. De fait, l'avantage concurrentiel a dérivé vers le commerce dans la première moitié du XXe siècle, puis vers le marketing dans les années 1950 pour enfin concerner directement la totalité de la relation avec le client dans la dernière décennie. La valorisation du client n'est pas une mode éphémère, c'est l'aboutissement d'un mouvement de fond qui modifie notre représentation de la chaîne de valeur et donc de l'avantage concurrentiel. Mais, évidemment, cette analyse ne doit pas rester autocentrée : que veut-on dire aujourd'hui lorsque l'on redoute la concurrence des pays émergents sinon que la production reste, pour eux, un domaine d'avantage concurrentiel décisif ?

C'est d'ailleurs bien ce qu'on entend souvent par mondialisation. En effet, la mondialisation fait, d'une certaine façon, éclater la chaîne de valeur : la multiplication des concurrents, les informations que les clients ont sur tous les concurrents possibles, les libertés nouvellement acquises en termes de commerce international, tout concourt à rendre de plus en plus pertinente une analyse fine de la chaîne de valeur. Cette dernière n'éclate pas au sens où elle s'abîmerait dans le processus de mondialisation. En revanche, elle se distribue géographiquement, et certains domaines de valeur intègrent la chaîne de valeur des fournisseurs ou des clients.

D'une certaine manière, la mondialisation met à l'épreuve la pertinence de l'analyse stratégique. Cette dernière doit être capable de donner le maximum de flexibilité à l'entreprise pour lui permettre de s'adapter rapidement. C'est exactement l'objectif du Damier Stratégique et du Plan de Gouvernance.

CHAPITRE 4

Sous la complexité, le Damier

Les analyses de Porter insistent à la fois sur des concepts primordiaux et sur une méthode d'analyse. La notion même de méthode (étymologiquement, « le chemin par lequel il faut passer ») implique un ordre rigoureux. C'est l'impératif même que nous devons respecter si nous voulons comprendre l'entreprise complexe en tentant de la présenter le plus simplement possible. Nous savons que la tâche est toujours difficile. Il ne suffit pas de lire un organigramme pour comprendre le fonctionnement de l'entreprise, ses atouts et ses handicaps. Il n'existe pas d'entreprise parfaite dont l'organisation et les systèmes de décision soient immédiatement lisibles.

Le bricolage stratégique

À chaque fois que nous nous sommes trouvés face à une entreprise, nous avons pu constater les effets de son histoire, de ses croissances interne ou externe, de sa culture. Une entreprise qui dispose d'une certaine taille a toujours évolué grâce à l'intégration d'autres entités ou à l'abandon de certaines activités. Elle s'adapte plus ou moins vite à de nouveaux concurrents ou à de nouveaux marchés avec les hommes et les femmes qui y travaillent. La plupart du temps, nous sommes face à un « bricolage stratégique », comme le soulignait Alain Etchegoyen, dans une de ses chroniques des *Échos*.

Nous ne tenons pas le terme de bricolage en mauvaise part. Le bricolage a des vertus qui lui sont propres. Claude Levi-Strauss les a remarquablement analysées dans son introduction à *La Pensée sauvage*[1] en montrant tout son contenu intellectuel. D'une certaine manière, le bricolage exprime une intelligence pratique : « On fait avec les moyens du bord », et l'on ne jette pas grand-chose « car ça peut toujours servir ». Les résultats peuvent être excellents mais, à un moment donné, l'entreprise doit réduire ses coûts, mieux comprendre sa chaîne de valeur pour s'assurer des avantages concurrentiels. Elle ne peut plus se contenter de bricolage, mais doit organiser son pilotage stratégique.

Plus généralement, comme nous l'avons souligné en indiquant le sens des analyses proposées par Porter, l'entreprise doit prendre les moyens de se connaître elle-même et dépasser son empirisme spontané. Nous ne saurions affirmer qu'il existe un moment singulier, valable pour toutes. Mais, d'un autre côté, il ne faut pas retarder trop l'élaboration d'une analyse cruciale, en arguant, par exemple, d'acquisitions à venir ou d'un périmètre fluctuant. Il faut inverser le propos car c'est l'analyse stratégique qui doit, à terme, se situer en amont des décisions qui modifient la taille de l'entreprise et ses métiers (fusion, acquisition, délocalisation, externalisation, etc.).

---

1. Presses de la Cité, Paris.

© Éditions d'Organisation

La complexité de l'entreprise est due à la complexité croissante de son environnement et à la complexité, voire aux complications, de son organisation. La complexité externe est irréductible, mais bien des complications internes peuvent être supprimées. Cette remarque est, pour nous, essentielle et correspond à une question qui nous a souvent été posée : les outils conceptuels que nous proposons consistent-ils à penser l'entreprise telle qu'elle est ? Ou consistent-ils à la penser telle qu'elle devrait être ?

La réponse n'est pas facile. Dans le premier cas, notre tâche aurait une ambition très limitée. Dans le second, le chef d'entreprise pourrait craindre parfois que nous lui imposions un modèle d'entreprise. Dans le premier cas, nous ne ferions qu'enregistrer des données pour les désagréger ou les décomposer. Dans le second, nous disposerions d'un modèle applicable à toute entreprise concurrente sur le même secteur d'activité ou sur les mêmes produits.

Il nous faut réfuter la seconde objection pour montrer que notre démarche n'est pas seulement descriptive.

Pourquoi le Damier Stratégique ?

Au fil de nos expériences vécues dans de multiples entreprises, nous avons été conduits à concevoir le Damier Stratégique. Nous étions obnubilés par le désir de simplicité. Rappelons-nous la phrase de Boileau : « *Ce qui se conçoit bien s'énonce clairement* ». La simplicité passait, selon nous, par une formalisation simple de l'entreprise. Simple mais pas simpliste ni réductrice. Nous étions convaincus que cette formalisation devait moins emprunter aux grands modèles présents sur le marché du conseil qu'à des concepts stratégiques comme ceux que nous venons de développer et, en particulier, la chaîne de valeur. Nous étions face à un paradoxe : comment formaliser ou modéliser l'entreprise en partant du client et, dans le même temps, en tenant compte de sa singularité fondamentale.

Nous savons qu'il faut souvent visualiser pour faire bien comprendre. La formalisation de l'entreprise est, d'une certaine manière, un détour théorique et ses concepts ne sont pas immédiatement perceptibles. Les Grecs, d'ailleurs, ont toujours insisté sur le lien entre la théorie et la vision : le mot même de théorie signifie, comme chez Platon, contemplation. Il nous fallait donc une représentation visuelle, mais une représentation visuelle qui *simplifie*. Nous devions donc éviter les fléchages en tous sens comme les figures abstraites et compliquées. Il nous semble que la métaphore du damier présente plusieurs intérêts. D'abord, c'est une figure simple que tout le monde connaît empiriquement grâce au jeu de dames dont les règles sont assez élémentaires bien que ce soit un jeu de stratégie. Ensuite, il existe, selon nous, une véritable continuité entre l'urbanisation du business et le Damier Stratégique. Certes, toutes les villes n'ont pas adopté un plan géométrique : mais d'une part, la plupart des villes récentes sont ainsi conçues et, d'autre part, le système de repérage sur n'importe quel plan urbain s'effectue selon la logique du damier, avec souvent le repérage par un chiffre et une lettre. Enfin, la figure du damier se présente formellement comme un espace à deux entrées, horizontale et verticale. Or nous avions besoin de limiter le nombre d'entrées pour simplifier la vision de l'entreprise.

Évidemment, lorsque nous coopérons avec une entreprise, nous le faisons à un moment t de son histoire. Le danger serait de la segmenter en repérant des unités de base qui seraient instables. Notre représentation de l'entreprise doit « tenir le coup », c'est-à-dire tenir dans le temps. C'est pourquoi, nous avons retenu, pour les deux types d'entrées du damier, deux

invariants : les *segments stratégiques* et les *domaines de valeur.*
Nous parlons d'invariants pour exprimer l'idée que ces paramètres sont parmi les plus stables de l'entreprise. Le terme
invariant est à proprement parler un abus de langage, rien
n'étant totalement invariant dans un organisme vivant. Chaque croisement constitue une « case stratégique ». Le Damier
Stratégique n'est rien d'autre que la représentation, sous
forme de cases, de la totalité des chaînes de valeur d'une entreprise décomposées sur un ensemble unique de domaines de
valeur.

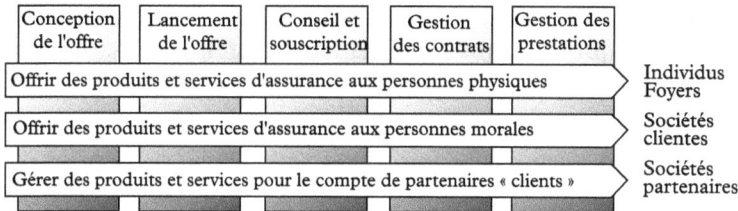

Figure 2 — Exemple de Damier Stratégique simplifié d'une mutuelle d'assurance

L'unicité du découpage permet de définir les degrés de mutualisation possible au sein des différentes chaînes de valeur.

Il serait arbitraire de penser que le nombre de cases est fixe et
s'identifie au jeu de dames que nous connaissons tous. En
général, nous identifions cinq à sept domaines de valeur tandis
que le nombre de segments stratégiques est toujours réduit
(moins de dix), même dans une très grande entreprise.

La simplicité du Damier Stratégique ne concerne pas uniquement la représentation de l'entreprise. Chaque case est en elle-
même plus simple à appréhender que l'entreprise dans sa glo-

balité. Chaque case doit être l'objet d'une investigation parti-
culière pour identifier, à la fois, quel avantage concurrentiel
elle est susceptible d'apporter et comment il sera désormais
possible d'améliorer encore cet avantage.

Une représentation de l'entreprise en mouvement

L'entreprise, comme tout être vivant, n'est pas figée. Sa représentation tient compte de ce qu'elle est et de ce qu'elle veut
devenir. Le dirigeant de ce grossiste-répartiteur de produits
pharmaceutiques a utilisé le Damier Stratégique pour décrire
l'évolution de l'entreprise vers un rôle d'opérateur européen de
services pharmaceutiques.

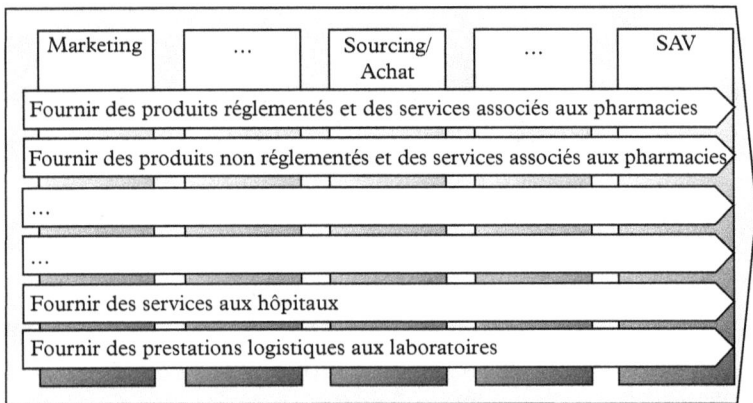

**Figure 3 — Exemple de Damier Stratégique
simplifié d'un grossiste répartiteur**

Dans ce schéma, la vision du business souhaité par la direction générale est matérialisée par six segments stratégiques et la chaîne de la valeur modélisée par cinq domaines de valeur. Les six segments explicitent la volonté de développer, dans le futur, trois types de clients : les pharmacies, qu'elles soient externes ou internes au Groupe ; les hôpitaux ; enfin, les fabricants de produits, en commercialisant des produits réglementés (*regulated products*) ou non (*commodity products*) et des services à valeur ajoutée (*solutions*). La structure de Damier Stratégique choisie reflète deux volontés du management : placer le client au cœur du développement de l'entreprise en étendant la proposition de valeur historique (livrer des produits) à des services à valeur ajoutée (exemple : commercialiser de l'information à valeur ajoutée) et développer un modèle européen harmonisé entre les différents pays. Les domaines de valeur sont caractéristiques du métier de la distribution spécialisée : concevoir et commercialiser des offres, *sourcer* et acheter les bons produits, réaliser le service commercialisé et supporter le client une fois le produit/service vendu.

Les domaines de valeur

Jusqu'ici, nous avons davantage insisté sur la chaîne de valeur que sur ses éléments. Or les domaines de valeur définissent les maillons dans une chaîne de valeur. C'est pourquoi, on peut aussi les nommer « domaines de création de valeur ». En effet, qu'est-ce qu'une chaîne de valeur sinon un ensemble d'activités opérationnelles qui contribuent à fabriquer la valeur finale des produits ou prestations attendus par une catégorie de clients ? Elles y contribuent directement : c'est ce qui permet de les distinguer des fonctions de support ou de pilotage. Bien sûr, nous reviendrons sur ces activités qui sont nécessaires mais relèvent d'une approche différente.

Ces domaines de valeur ont plusieurs caractéristiques. En premier lieu, ils correspondent à des séquences ou des étapes dans la chaîne de valeur. Cela signifie que les lignes horizontales du Damier Stratégique se situent dans le temps : ce qui se situe à gauche est *avant,* ce qui se situe à droite est *après* : les maillons amont de la chaîne fournissent les produits « semi-finis » pour les maillons aval. En second lieu, les domaines de valeur correspondent à des compétences ou à des savoir-faire homogènes. C'est pourquoi, dans le langage commun de l'entreprise, on les nomme souvent des *fonctions* (marketing, ventes, production) qui s'inscrivent dans des *entités spécifiques* de l'organisation (services, départements, etc.).

Cette séparation en maillons implique que l'entreprise peut décider à certains moments d'externaliser, de délocaliser ou, à l'inverse, d'internaliser tout ou partie de ces domaines de valeur. Ces orientations, qui découlent alors d'une véritable analyse stratégique, s'effectuent, dans le meilleur des cas, en vue d'obtenir un avantage concurrentiel. Cependant, l'éventualité de telles décisions ne doit pas laisser penser que des maillons sont fluctuants ou imprécis. Au contraire, c'est leur stabilité même et une certaine autonomie qui les définit ainsi. Les mouvements stratégiques de l'entreprise dépendent de la rigueur avec laquelle elle aura été capable d'identifier ses propres invariants. Il nous faut être très clair sur ce point : le Damier Stratégique est une représentation des invariants de l'entreprise. Tout le travail d'élaboration du Damier Stratégique est un repérage des invariants calés et casés au croisement de la chaîne de valeur et des domaines de valeur, pour pouvoir inspirer les décisions stratégiques. Identifier les invariants crée les conditions du changement pour améliorer la chaîne de valeur.

IKEA : une proposition de valeur originale

Sur le marché du meuble, IKEA, c'est bien connu, a une proposition de valeur distincte de ses concurrents : du design à petit prix. Pour pouvoir développer cet avantage concurrentiel essentiel et « invariant », l'entreprise a analysé et redéfini les maillons de sa chaîne de valeur de distributeur de mobilier : aux coûts élevés de la fabrication, du montage, du transport et de la distribution traditionnels de la filière du meuble, IKEA a substitué la standardisation de la fabrication, la distribution dans des magasins transformés en entrepôt, le transport et le montage par le client. L'économie ainsi générée sur des maillons essentiels de la chaîne de valeur lui a permis de dégager les moyens d'investir dans le design. Cette redéfinition révolutionnaire des maillons de la chaîne de valeur a été et reste la clé de son succès. La comparaison avec les *Damiers Stratégiques* de ses concurrents de la filière du meuble, notamment en positionnant dans chaque domaine de valeur les poids respectifs de leurs investissements, est, à cet égard, édifiante des différences de stratégie.

Damier Stratégique et processus

La chaîne de valeur peut être vue comme la description des différents stades de création de valeur. Cette valeur est, *in fine*, effectivement créée par le produit d'un ensemble de processus activés par l'entreprise.

Chaque processus se présente comme un enchaînement chronologique d'activités effectuées par les hommes et les femmes de l'entreprise, en réponse aux stimuli externes ou internes, produisant au final un résultat : un produit ou un service pour un marché déterminé au sein du segment stratégique. C'est pourquoi, nous concevons le Damier Stratégique comme une représentation fédératrice et macroscopique de l'« architecture de processus », la clé de voûte des processus en quelque sorte. Urbanisation et damier suggèrent l'idée d'architecture. Mais ces métaphores ne doivent pas ôter à l'analyse, ni à la formalisation, l'idée de mouvement qui est essentielle dans toute démarche stratégique. C'est à cette idée que se rattache le mot *processus*. La chaîne de valeur est stable car elle représente la vision à moyen terme de l'activité de l'entreprise. Mais elle se réalise via les processus qui, eux, sont déclenchés par des événements quotidiens. Ainsi, la chaîne de valeur s'inscrit aussi bien dans le temps présent que dans le futur.

Le fait de voir le Damier Stratégique comme une carte géographique des valeurs créées par les processus de l'entreprise comporte un grand avantage. Il devient la racine unique de toutes les approches « processus » de l'entreprise. En effet, tous les processus de l'entreprise peuvent se déduire d'une ou de plusieurs cases du Damier Stratégique par description de plus en plus fine, exactement comme on le fait avec des poupées russes.

Cette racine unique permet d'avoir un référentiel unique qui garantit la cohérence des descriptions. Il permet de relier n'importe quelle activité, même élémentaire, à la création de valeur pour l'entreprise.

Changements stratégiques et processus

Mais surtout, quand la stratégie évolue, il devient possible de repérer les impacts de ces évolutions sur les processus.

Le grossiste-répartiteur évoqué précédemment illustre bien cette démarche. Parmi les six segments stratégiques retenus pour orienter le développement de l'entreprise, trois correspondent à des activités existantes dans certains pays, mais en devenir dans d'autres. Dans sa démarche de transformation, cette entreprise recherche toutes les possibilités de réutilisation de processus et de solution informatique les supportant pour optimiser ses coûts et ses délais de mise en œuvre. Cet état d'esprit n'est pas incompatible avec la définition de pratiques et processus véritablement spécifiques à un segment stratégique ou un pays si cela se justifie par des considérations objectives et incontournables.

Dans une utilisation plus quotidienne, le Damier Stratégique aide notre client télécoms à accélérer le lancement de nouvelles offres. L'étude d'impact fondée sur les processus liés à la nouvelle offre est plus exhaustive. À la lecture du Damier Stratégique, l'opérateur isole très rapidement les maillons de la chaîne de valeur qui sont impactés. La préparation du déploiement est plus précise et plus rapide. Le *Time-to-Market* est mieux maîtrisé. Évidemment, cela demande la mise en place d'une organisation et d'une culture adaptée au management des processus. Nous y reviendrons dans la conclusion.

La singularité de chaque Damier Stratégique

Dans la démarche même qui conduit à élaborer le Damier Stratégique, une des variables principales de la segmentation stratégique concerne les éléments historiques et culturels. Nous ne valorisons pas à l'excès cette notion de culture qui a été très en vogue. Le mot de culture a été attribué aux entreprises au début des années 1980. D'origine ethnographique, il sert à expliquer les singularités d'une entreprise par rapport à une autre, c'est-à-dire une sorte d'« actif immatériel » — non inscrit au bilan — qui dérive de son histoire, des personnalités qui l'ont développée, de son ancrage géographique, etc. Nous ne pensons pas qu'il faille absolument sacraliser la culture d'une entreprise car, à certains moments de son histoire, il faut qu'une entreprise sache changer de culture. La culture peut être un passif immatériel ! Mais la culture d'une entreprise est avant tout, comme pour toute organisation humaine, le fruit d'une sédimentation passive effectuée dans le temps et, à ce titre, elle peut être mal adaptée aux changements de l'environnement. Il reste que nous devons toujours en tenir compte et assumer, par principe, que chaque entreprise est différente. France Telecom, émergeant tout juste de son statut d'entreprise publique, émanation de la DGT — c'est-à-dire d'une direction d'administration centrale —, ne peut avoir la même histoire ni la même culture que Bouygues Telecom, Petit Poucet des opérateurs téléphoniques, entreprise issue d'un groupe de BTP, créée par une poignée d'hommes animés d'un esprit entrepreneurial. Ces différences historiques et culturelles sont des données de base, c'est-à-dire des variables internes incontournables. Ainsi, avec un métier et des marchés potentiels identiques, en raison de leur histoire, ces deux entreprises auront des segments stratégiques différents et, en raison de leur culture, des promesses de valeur différentes vis-à-vis de leurs clients.

Cette réponse étant faite, il va de soi que l'élaboration du Damier Stratégique doit permettre des améliorations pour l'entreprise concernée. Il serait présomptueux de penser que de telles améliorations peuvent s'obtenir par des apports *ex cathedra* : jamais un Damier Stratégique ne peut être élaboré sans le concours et l'implication d'une direction générale, précisément chargée de nous faire comprendre les spécificités qui font de son entreprise une entreprise différente des autres. Ce n'est pas un point de détail : le Damier Stratégique ne se construit pas en chambre dans le solipsisme d'une pensée certaine d'elle-même. Il est le fruit du travail commun avec un comité de direction qui dispose à la fois d'une vision stratégique et d'une bonne intelligence quant à la diversité historique et culturelle de l'entreprise. Il est même souvent nécessaire d'aller sur les lieux de production, de commercialisation ou de distribution pour valider certaines hypothèses. C'est pourquoi les exemples que nous utilisons ne peuvent être transférés tels quels à une autre entreprise du même secteur.

Le Damier Stratégique : se connaître soi-même

Quoiqu'elle soit entièrement tournée vers l'action et la performance, l'entreprise ne peut se passer de la connaissance et notamment de la connaissance de soi. Dans l'histoire de la connaissance scientifique, une nouvelle science — ou la science d'un nouvel objet — émerge toujours en changeant radicalement le commencement même du savoir, c'est-à-dire le point de départ, ou les concepts qui permettent d'appréhender un nouvel objet. Tel est le rôle joué chez Porter par cette chaîne de valeur directement connectée au client. Autrement dit, nous ne comprenons le plus essentiel et le plus intime de l'entreprise (la chaîne de valeur) qu'en partant d'ailleurs (le client). Autrement dit encore, il faut cet investissement dans la connaissance du client pour améliorer ses propres performances et dégager un « avantage concurrentiel ».

La méthode est simple : toute entreprise se présente comme un agrégat d'activités qu'il faut décomposer en domaines d'activité créateurs de valeur pertinents, les domaines de valeur. Il n'existe pas une désagrégation qui puisse servir de modèle unique. Par exemple, l'activité dite de traitement des commandes peut être classée dans l'ensemble logistique externe ou dans la commercialisation : tout dépend du métier de base propre à l'entreprise. Un distributeur choisira la commercialisation, car le traitement des commandes constitue un lien interactif entre l'entreprise et ses clients, ce qui ne sera pas le cas pour un industriel de produits semi-finis. Le principe fondateur doit être constant : il faut classer une activité dans le domaine de valeur où sa fonction a le plus d'impact sur l'avantage concurrentiel.

À strictement parler, l'analyse de l'entreprise ressemble, dans son processus, à ce qu'ont connu la physique ou la génétique modernes. On croit souvent être parvenu à l'atome physique ou à l'atome du vivant (Jacob, Canguilhem), mais une nouvelle poupée russe apparaît qui réduit une illusion. Le découpage peut être de plus en plus fin : « *Chaque machine d'une usine peut être traitée comme une activité à part entière.* »

On perçoit immédiatement un impact qui est loin d'être négligeable ou secondaire : l'analyse de la chaîne de valeur est, pour chaque firme, une occasion exceptionnelle de réfléchir sur elle-même et de se remettre en question. La difficulté de l'exercice est proportionnelle à sa nécessité. Le devenir complexe de notre économie moderne est très lié à la croissance du secteur des services. Dans ce secteur, les analyses, les débroussaillages ou découpages sont plus ardus, car la réalité est rendue confuse : la production, la commercialisation et le service après-vente sont intimement liés.

La Poste : bien se connaître pour mieux servir les clients

Le groupe La Poste illustre bien cette complexité. De façon classique dans son activité autour des services financiers, il distribue des produits qu'il a conçus et dont il gère la commercialisation et la production — chèques postaux ou comptes d'épargne, par exemple. Mais il commercialise et distribue également des produits comme l'assurance-vie, dont la gestion est confiée à des partenaires tels que la CNP. En conséquence, le client de La Poste peut contracter une assurance-vie, dont la gestion de la production est confiée à un partenaire (la CNP). Rien d'anormal à cela. Mais le client hérite alors de deux interlocuteurs : La Poste pour des évolutions ponctuelles du contrat (changement d'adresse...) et la CNP pour la gestion propre (primes, versements exceptionnels, succession...), ce qui peut créer des confusions si l'on ne prend pas bien en compte « la voix du client ».

Par ailleurs, La Poste conçoit et fabrique des produits comme les timbres-poste qui sont distribués aussi bien par son propre réseau que par les bureaux de tabac. Enfin, une partie du réseau de distribution est partiellement externalisée : les « relais-poste », dans les petites communes, distribuent les produits et services du groupe La Poste, mais sont en même temps des supérettes, des artisans, des annexes de la mairie, etc.

La réussite de la mise en œuvre des chaînes de valeur du groupe La Poste exige de prendre en compte ces différents aspects d'un groupe de services moderne.

Du sens porté par le Damier Stratégique

Cette dernière remarque nous conduit à préciser le sens du Damier Stratégique. Dans l'entreprise, c'est une représentation utile pour la prise de décision. Certes, une entreprise ne prend pas sans cesse des décisions d'externalisation ou de délocalisation et il est évident que l'usage du Damier Stratégique va bien au-delà de ces décisions qui restent exceptionnelles dans la vie courante de l'entreprise. En revanche, elle doit toujours calculer l'allocation des ressources nécessaires pour chacun de ses segments stratégiques : quels sont ses besoins en ressources humaines ? Qu'attendent-ils comme investissement ou comme financement courant ? Nécessitent-ils des supports logistiques (usines, entrepôts, transports) ? Quelles sont les informations indispensables ? Autrement dit, le Damier Stratégique constitue le premier outil qui permet d'aligner ou de mettre en cohérence la stratégie et les différentes ressources de l'entreprise vis-à-vis des attentes du marché et donc des clients.

En ce sens, il est un véritable référentiel du management soucieux de piloter la performance de l'entreprise, puisqu'il permet à la fois de donner une vision globale de l'entreprise et de développer dans chaque case des stratégies différenciées tout en assurant leur cohérence. Les Anglo-Saxons aiment utiliser le mot de *vision* pour parler de stratégie ; nous sommes convaincus que la simplicité visuelle du Damier Stratégique est sa première vertu car elle communique avec force la *vision*, dans l'acception subliminale qu'ils ont de ce terme.

Enfin, la structure plane du Damier Stratégique correspond bien au plan d'urbanisme dont nous avons développé l'importance : ce plan, comme cadre de référence commun aux processus de l'entreprise, permet ainsi d'arbitrer entre les projets d'évolution proposés En ce sens, il contribue à la création de valeur pour l'entreprise et donc à l'obtention d'authentiques avantages concurrentiels. Notre attachement à la figure du Damier Stratégique provient de cette ambition.

La réalité d'une entreprise, comme de tout organisme vivant, peut être décomposée en tous sens. Maintes désagrégations ou décompositions en particules élémentaires sont possibles. Elles ne varient les unes par rapport aux autres que par les critères que l'on choisit pour opérer les classifications en ensembles et sous-ensembles. D'où cet abus du mot segment ou des processus de segmentations qui produit confusion et ambiguïtés : macrosegmentation, microsegmentation, mésosegmentation, segmentation stratégique, segmentation marketing, segmentation client, etc. Nous ne disconvenons guère des utilités des unes ou des autres. Mais la bonne segmentation est celle qui, ayant achevé le travail de division, permet la recomposition et la vie de l'organisme ainsi disséqué. Il faut donc partir des objectifs que l'on s'assigne au moment de sélectionner les bons critères de division.

L'exemple de l'automobile

Dans la filière automobile, il y a autant de segments stratégiques que de couples : famille de produits (catégorie d'automobiles avec les services associés) — segments de marché (particuliers, gestionnaires de flotte d'entreprise ou loueurs). Pour réduire les prix de revient des automobiles, les constructeurs ont commencé par mutualiser une partie de la conception et de la fabrication des modèles en créant le concept de plates-formes communes entre plusieurs modèles, d'une même marque. Ensuite, ils ont étendu le concept à différents modèles entre les marques d'un même groupe puis à des collaborations avancées entre marques (Renault-Nissan) et plus récemment encore à des mutualisations entre concurrents qui partagent des plates-formes, des moteurs ou même des usines de fabrication : l'avantage concurrentiel réside alors, d'une part, dans la baisse du prix de revient de la partie « non visible par le client » et, d'autre part, dans le renforcement de la différenciation de la marque sur la *customization* visible par le client (aspects extérieurs du véhicule accessoires, marketing de marque, offre de services, etc.). On pourrait en déduire une évolution des *Damiers Stratégiques* de la filière automobile d'un modèle biens d'équipement où la création de valeur est centrée sur l'ingénierie, l'innovation produit et la fabrication vers un modèle plus familier de biens de consommation : la R & D fort coûteuse est alors mutualisée au maximum, et les domaines marketing et relation client prennent une part relativement importante des investissements et de la création de valeur perçue par le client.

Un ou plusieurs Damiers Stratégiques ?

L'entreprise a, en général, intérêt à adopter une segmentation unique mais ce n'est pas toujours possible. Un groupe sidérurgique comme Arcelor — qui produit des aciers plats carbone, des aciers longs et spéciaux et des inox — peut être appréhendé avec des domaines de valeur homogènes. En revanche, le groupe Bouygues, qui regroupe des métiers aussi divers que le BTP et la communication, doit distinguer des domaines de valeurs différents et se doter de *Damiers Stratégiques* différents, même si certaines activités de support et de pilotage sont communes.

Parfois, le Damier Stratégique de la holding Groupe se limite à ces activités de pilotage et de support partagées : la définition de la stratégie, la communication avec les institutionnels, les analystes financiers et les actionnaires, le pilotage des grands indicateurs appuyé par la consolidation financière et des audits internes, l'animation transverse des ressources humaines et notamment des hauts potentiels ou le soutien juridique deviennent les chaînes de création de valeur par lesquelles la holding apporte son soutien aux filiales. En regard, le Damier Stratégique des filiales replace ces processus en pilotage et support. Il les complète de processus de soutien propres à l'activité concernée comme la gestion de la qualité, la finance ou le système d'information.

Plus largement, il nous est arrivé de rencontrer des entreprises comme Aéroports de Paris[1] dont le Damier Stratégique s'inscrivait dans celui d'une filière globale regroupant de multiples acteurs au service d'un même marché, c'est-à-dire d'une même création de valeur intégrée.

Effets collatéraux ?

Lorsqu'on combine des concepts naturellement déduits les uns des autres comme ceux de chaîne de valeur, avantage concurrentiel, segments stratégiques et domaines de valeur, on ne se contente pas de modéliser l'entreprise ou de préparer des systèmes opérationnels pertinents. Ces notions enveloppent une représentation de l'entreprise qui abolit toute hiérarchie

1. Voir cas détaillé plus loin.

méprisante ou dédaigneuse. Bien des entreprises minorent certaines fonctions et en majorent d'autres. Selon les traditions
nationales, certaines fonctions sont nobles, d'autres « ignobles ».
Aussi, un véritable *cursus honorum* est-il mis en pratique. Ici on
néglige la recherche, là on sous-estime les commerciaux,
ailleurs on laisse les achats aux moins compétents.

Il s'agit bien là d'un paradoxe : c'est finalement en désagrégeant
formellement l'entreprise qu'elle est le mieux pensée dans sa
globalité, comme une totalité opérationnelle dans laquelle chacun joue un rôle décisif. La chaîne de valeur a des côtés
démocratiques ! Aucune entreprise ne peut penser sérieusement
qu'une de ses parties est stratégique et l'autre pas. C'est pourquoi l'échange d'informations ne saurait privilégier tel ou tel
morceau de l'entreprise. Tout est stratégique, car tout est concurrentiel. L'entreprise est un système vivant, un organisme : le
handicap, l'infection peuvent venir de partout.

Derrière ces formulations abstraites de segment stratégique et
domaine de valeur, vivent toujours des hommes et des femmes
qui travaillent ensemble. Ce concept est une reconnaissance
pour chaque ensemble identifié. Cette méthode rééquilibre
l'entreprise : les segments stratégiques reconnus, chacun dans
son rôle et dans ses liaisons, convergent davantage vers une
représentation harmonieuse de l'entreprise que vers une conception hiérarchique et déséquilibrée.

Du Damier Stratégique au Plan de Gouvernance

L'urbanisation du business et le Damier Stratégique se situent
au terme d'un processus analytique. Leur but est de fournir
une représentation simple, pertinente et stable de l'entreprise

qui permette de raisonner en termes d'avantages concurrentiels. Cette représentation se situe dans une perspective précise et volontariste, car il existe bien d'autres manières de formaliser une organisation. La force de cette représentation réside à la fois dans sa simplicité, dans sa stabilité et dans les usages dont elle est porteuse. L'entreprise n'a que faire des démarches ou typologies strictement intellectuelles. L'entreprise est un acteur économique qui lutte sur un ou plusieurs marchés : la réflexion et l'analyse n'ont que l'action pour horizon, ce qu'on nomme souvent *performance, efficacité, rentabilité, productivité* et que Porter subsume sous le concept *d'avantage concurrentiel.* Nous avons préféré sa formulation car elle va à l'essentiel tandis que toutes les autres doivent lui être rattachées et en demeurent dépendantes.

La construction du Damier Stratégique aide les membres du comité de direction à exprimer leurs visions de la stratégie, souvent assez éloignées les unes des autres, puis à les rapprocher progressivement dans un processus itératif et maïeutique. La direction générale souscrit elle-même à son propre changement pour construire, formaliser et partager une vision commune, puis l'affiner et la communiquer au reste du management. La déclinaison du Damier Stratégique en référentiel des processus l'ancre dans la réalité opérationnelle de l'entreprise. Mais il reste à adresser la dimension managériale qui permet de piloter le déploiement de la stratégie. L'articulation des différentes responsabilités de management dans l'entreprise découlant du Damier Stratégique est décrite par une représentation que nous avons appelée Plan de Gouvernance. Nous entendons ici par gouvernance l'ensemble du dispositif de prise de décision, de préparation et de mise en œuvre de ces décisions.

L'urbanisation du business, constituée du couple Damier Stratégique et Plan de Gouvernance, permet alors de déployer la vision stratégique en associant, à la modélisation de l'entreprise, les coordinations qui la mettent en mouvement lors des décisions stratégiques.

CHAPITRE 5

De la stratégie à l'organisation : le Plan de Gouvernance

Damier Stratégique et Plan de Gouvernance : l'entreprise en 3 dimensions

À quoi servent finalement l'urbanisation du business et le Damier Stratégique sinon à mieux piloter l'entreprise ? La formalisation et la décomposition ne prennent sens que dans leurs usages. Nous pourrions même affirmer que ces usages en constituent les épreuves de vérité, dans le double sens du mot *épreuve* : l'expérience qu'on éprouve et le test qui éprouve. Les différents cas que nous avons déjà examinés vont en ce sens, mais il est nécessaire de développer ce qu'on nomme aujourd'hui la gouvernance. La notion de plan étant commune à l'urbanisation et au damier — plan de la ville et plan géométrique —, nous pouvons parler en toute rigueur de Plan de Gouvernance.

Cette notion, le Plan de Gouvernance, est directement liée aux notions de modularité et de flexibilité inscrites dans le Damier Stratégique. En effet, le Damier Stratégique permet de décomposer l'entreprise en quelques dizaines de cases stratégiques qui représentent des « quartiers » homogènes de l'entreprise. Ceux-ci peuvent avoir des destins sans corrélation. Le management de l'entreprise doit arbitrer entre un maximum d'indépendance conférant à l'organisation une grande flexibilité et une mutualisation d'un certain nombre de cases permettant une réduction des coûts et une plus grande cohérence.

La rationalisation, l'optimisation des investissements et des coûts impliquent la mutualisation de certaines fonctions de l'entreprise. À cette logique, s'opposent dynamiquement les volontés de foisonnement et de différenciation, de proximité client dans les secteurs, régions et les pays où l'entreprise est présente. Ces impératifs contradictoires constituent, pour nous, des tensions positives. Cette projection du Damier Stratégique en trois dimensions, où la troisième dimension est représentée par des niveaux de plus ou moins grande mise en commun, nous l'avons nommée Plan de Gouvernance.

Sur l'exemple ci-après, la mutuelle d'assurance a décidé de mettre en commun les *back-offices* des trois segments stratégiques pour gagner en coût et en productivité et, à l'inverse, de spécialiser la gestion de l'offre et de la relation par canal de distribution.

Autre exemple, chez un grand constructeur de voitures américain, la case « conception » de la chaîne de valeur des « voitures sportives » a été confiée à des designers italiens alors que la même case pour les berlines est restée internalisée. La case « production » dans les deux cas est restée internalisée. Doit-on pour autant mutualiser la production entre les deux chaînes de valeur ?

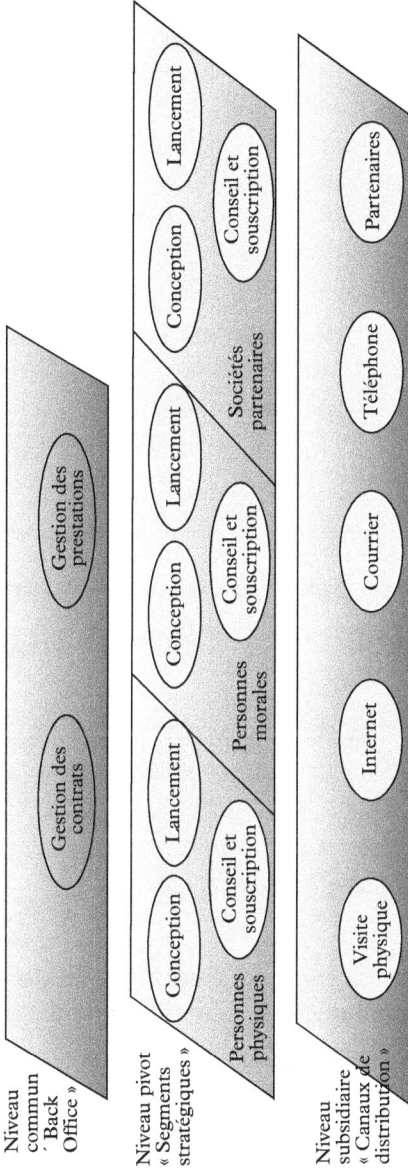

Figure 4 — Exemple de Plan de Gouvernance simplifié d'une mutuelle d'assurance

Imaginons qu'une partie importante des chaînes de production soit mise en commun entre les deux catégories de voitures. À coup sûr, cette opération entraînera des réductions de coût à court terme. Mais corrélativement, si l'on décide de fabriquer les berlines de moyen et bas de gamme dans des pays émergents pour réaliser des gains encore plus importants, tout en conservant le haut de gamme dans les pays où la main-d'œuvre est la plus qualifiée, le découplage ultérieur des chaînes de production sera beaucoup plus difficile à réaliser.

Il y a donc des arbitrages à faire entre un découplage maximum porteur de flexibilité et une mise en commun plus ou moins importante, qui peut permettre des économies et introduire une plus grande cohérence au prix d'une agilité amoindrie.

Interview de Jacques Ambonville, membre du Management Board – Celesion Wholesale

Celesio Wholesale assure, dans douze pays européens, la distribution de produits pharmaceutiques (médicaments soumis à autorisation de mise sur le marché ou non, autres produits pharmaceutiques) et de produits de santé/beauté auprès de pharmacies indépendantes, de groupements de pharmacies et d'hôpitaux.

Pourquoi la réorganisation de Celesio Wholesale passait-elle d'abord par l'urbanisation des systèmes informatiques ?

Le passage d'une organisation fondée sur des structures nationales très autonomes à une structure européenne plus intégrée passait logiquement, certes, par une harmonisation des systèmes d'information.

Mais nous n'avons pas fait que cela, même au commencement de cette démarche : c'est toute notre organisation managériale qui a été revue en parallèle, avec la mise en place de fonctions transversales, la mise en commun des *best practices* et l'alignement des *process*.

En quoi le Damier Stratégique vous a-t-il aidé ? A-t-il permis de vaincre des réticences ?

Le Damier Stratégique a joué un rôle clé dans cette transformation. Il nous a vraiment permis de positionner, au niveau des pays, des divisions, du groupe, les process que nous voulions mettre en œuvre. Auparavant, nous avions établi un *European Business Model* (EBM), en examinant les process dans les trois pays où nous sommes les plus présents, la France, la Grande-Bretagne et l'Allemagne, qui représentent les trois quarts de notre chiffre d'affaires, et en constatant qu'ils étaient très similaires, ce qui nous avait déjà aidés. Mais le Damier Stratégique nous a permis de partager la vision du métier et de réaliser l'alignement des process. Par exemple, en ce qui concerne la gestion des stocks, nous avons ainsi pu passer d'une gestion locale à une gestion régionale, puis à une gestion nationale, voire même à une gestion européenne pour certaines catégories de produits.

Le Plan de Gouvernance a-t-il été plus difficile à faire admettre en interne que le Damier Stratégique, et pour quelle raison ?

Oui, et c'est parfaitement logique. Le Damier Stratégique est un instrument fédérateur, qui rassemble autour d'une vision commune de la stratégie de l'entreprise. Le Plan de Gouvernance, quant à lui, permet de trancher des problèmes de pouvoir et de prises de décisions. Il est donc compréhensible qu'il suscite quelques résistances. C'est ce qui explique que mon mode de management se soit un peu durci et se soit fait un peu plus directif. Mais, en fin de compte, lorsque les divers responsables nationaux ont pris conscience qu'il n'y avait pas de solution meilleure, y compris pour leurs structures, que celle que nous leur proposions, nous sommes parvenus à un très bon niveau d'adhésion au Plan de Gouvernance. À une exception près, où je qualifierai l'adhésion de moyenne, celle de la Grande-Bretagne : mais là, je crois qu'il s'agit d'une tendance culturelle de fond... Comme je le dis souvent, le business est simple, ce sont les gens qui sont compliqués.

Qu'auriez-vous fait sans Damier Stratégique ni Plan de Gouvernance ?

Honnêtement, ces instruments sont, si je puis dire, tombés à point nommé. En outre, il s'agit d'outils qui ont un effet de levier et d'entraînement tout à fait exceptionnels, pour peu que l'on sache les utiliser. Si nous ne les avions pas utilisés, nous aurions procédé avec pragmatisme, de façon empirique, mais sans la clarté qu'ils nous ont apportée. Et avec le risque très réel d'erreurs que comporte une prise de décision qui n'a pas été précédée par une réflexion suffisante.

Mutualisation et subsidiarité : une dualité dynamique

Lorsque nous avons représenté l'entreprise par son Damier Stratégique, nous avons montré que chacune des cases peut évoluer et être gouvernée de façon totalement indépendante des autres : chaque case a le niveau de flexibilité théorique optimum, sans contrainte de ressource ou de localisation. Pour un même type de maillon dans la chaîne de valeur (par exemple, la production), la recherche d'efficacité opérationnelle — le meilleur rapport qualité/coût — au sein du domaine de valeur, va entraîner la recherche d'économies d'échelle par le regroupement et donc la mutualisation de tout ou partie de ses activités.

Dans d'autres domaines, la valeur ajoutée se trouve dans la capacité à être proche du client, à adapter l'offre à son besoin précis, aux conditions locales rencontrées. On ressent là la nécessité de libérer la créativité de l'entreprise par une subsidiarité adaptée. C'est le cas typique des activités de service depuis dix ans face à la multiplication des canaux de distribution.

Par exemple, dans le monde bancaire, les domaines de la production (gestion des contrats clients) et de la distribution (relation avec les clients, agences) répondent à des logiques différentes. La production va rechercher le maximum d'économies d'échelles, de standardisation, d'automatisation pour réduire les coûts des opérations bancaires. Au contraire, dans la distribution, les gains de part de marché sont recherchés par le pouvoir d'adapter une offre réglementaire commune à des cibles de clientèle différenciées, à réagir plus vite et au plus près du terrain. De ce fait, les grands réseaux bancaires ont tendance à mutualiser les activités de production entre les agences, les réseaux, voire dans certains cas entre banques — tel est le cas des cartes bancaires — et en même temps à démultiplier leurs offres pour mieux répondre aux besoins de leurs segments de clientèle — par exemple, en concevant des stratégies d'enseignes différentes au sein d'un même groupe, comme à la Société Générale.

Niveau commun/niveau pivot : le rôle du Plan de Gouvernance

La réalité des relations dans l'entreprise — l'entreprise en réseau — est en général difficile voire impossible à représenter sur un organigramme hiérarchique. On passe souvent à des représentations matricielles mêlant hiérarchie, géographie et métier dans un salmigondis créant beaucoup de confusion relationnelle, voire de conflits. La question de la gouvernance, quelle que soit la représentation, implique de répondre toujours à la question « *Qui gouverne quoi ?* » et ceci sans ambiguïté. Nous proposons un modèle original de gouvernance fondé sur le Plan de Gouvernance : gouvernance des domaines de valeur et gouvernance des chaînes de valeur.

Ce modèle, que nous avons expérimenté chez plusieurs de nos clients, alloue clairement les responsabilités : aux domaines de valeur, la recherche d'efficacité opérationnelle, de mutualisation et aux chaînes de valeur la création de valeur et le pilotage des processus s'y rattachant. La confrontation dynamique des deux perspectives au sein des comités de direction et des instances de pilotage entraîne des décisions éclairées et négociées au mieux de l'intérêt de l'entreprise et de ses clients. La déclinaison sur le Plan de Gouvernance de ces deux intérêts permet de nuancer et de mettre en visibilité l'organisation requise.

Pour préciser quelques aspects de la méthode d'élaboration du Plan de Gouvernance, prenons deux exemples, celui d'une industrie de pneumatiques et celui d'une industrie sidérurgique.

Le marché des pneumatiques est caractérisé par deux types différents de clients. Pour les véhicules neufs — ce qu'on appelle la « première monte » —, les clients sont les constructeurs automobiles qui décident de chausser leurs véhicules avec des pneus de telle ou telle marque. En revanche, lorsqu'un automobiliste doit changer ses pneus, il va s'adresser à des garagistes ou des réparateurs qui constituent donc une autre catégorie de clients prescripteurs. Pourtant, dans les deux cas, ce sont les mêmes produits et les mêmes usines qui servent les deux types de clients. Nous créons alors un niveau commun « Produits » situé au-dessus du niveau pivot, car il existe bien une mise en commun des ressources de production — notamment Recherche et développement et Fabrication.

À l'inverse, prenons le cas d'un sidérurgiste. Il va fournir des aciers plats carbone aux constructeurs automobiles et des aciers longs et spéciaux aux entreprises de bâtiment pour le béton armé ou les charpentes métalliques, ou aux entreprises de travaux publics pour les glissières d'autoroute. Les produits comme les concurrents sont différents : ce sont, par exemple, les cimentiers pour les glissières et les fabricants d'aluminium pour les canettes. Il n'est donc pas possible de dégager des synergies, car les forces de vente, les centres logistiques et souvent les établissements de production sont différents.

La comparaison de ces deux cas est éclairante. Chez le fabricant de pneumatiques, le niveau commun Produits est situé au-dessus du niveau pivot. Chez le sidérurgiste, les activités liées aux produits sont spécifiques de chaque segment stratégique et sont donc dans le niveau pivot. Dans le premier cas, il est vraisemblable que des entités industrielles seront mises en commun par produit pour rationaliser les coûts industriels, avec un pilotage central. Dans le second cas, les *Business Units* par chaîne de valeur, incluant leurs propres unités de production, favoriseront l'adaptabilité de l'offre au marché.

Ce constat ne signifie pas que des échanges de bonnes pratiques entre les filières de production ne sont pas possibles ou même nécessaires : on peut aisément concevoir une animation centrale de la filière production. Le Plan de Gouvernance éclaire alors le partage des rôles et responsabilités entre les fonctions « centrales », « régionales », de « marché » ou « locales ». Les conséquences sur l'allocation des ressources et des investissements, sur le découpage du système d'information, sur l'organisation montrent que le contenu des niveaux commun et pivot est déterminant pour la mise en œuvre de la stratégie de l'entreprise.

Il faut donc bien comprendre que le Plan de Gouvernance ne constitue pas un choix technique a priori entre des options d'organisation, mais un choix politique fruit de la volonté stratégique de l'entreprise. La gouvernance est victime de modes successives ou d'ukases arbitraires : pour les uns, il faut centraliser au maximum pour mieux contrôler ; pour les autres, il faut décentraliser au maximum pour que les décisions soient prises au plus près du terrain et avec la meilleure connaissance. Nous n'avons pas de préjugés sur l'une ou l'autre option. Trop de débats idéologiques ou managériaux encombrent les décisions des chefs d'entreprise.

Le Damier Stratégique permet d'opérer des choix pragmatiques en fonction des conditions singulières de chaque segment stratégique. La gouvernance est strictement liée au Plan de Gouvernance qui peut traduire aussi bien une gouvernance très centralisée que très décentralisée. Dans certains cas, les plans les plus élevés — qui traduisent la mise en commun la plus importante — seront les plus chargés. Dans d'autres, les plans les plus bas — qui traduisent le maximum de subsidiarité — seront à leur tour les plus chargés.

Plan de Gouvernance et activités de support et de pilotage

Dans le cas des activités opérationnelles — celles qui forment la chaîne de valeur et sont représentées dans le Damier Stratégique —, le Plan de Gouvernance consiste à réaliser l'équilibre entre l'efficacité de chaque case stratégique et la création de valeur. Dans le premier cas, on lui alloue les ressources les plus utiles (informations, investissements, mise en commun d'activités) pour obtenir l'avantage concurrentiel recherché. Dans le second, on adapte l'offre à des segments de clientèle fins.

Même si l'avantage concurrentiel se conquiert dans la chaîne de valeur (processus opérationnel), on ne saurait négliger les coûts et performances spécifiques des processus de pilotage et de support. Une bureaucratisation de la gestion des ressources humaines, des retards dirimants dans les décisions stratégiques ou une inefficacité dramatique dans la communication externe affectent toute l'entreprise : *in fine*, le coût de ces erreurs ou échecs doit bien s'intégrer à la valeur finale payée par le client.

Dans le cas des activités de support, les dirigeants recherchent souvent des économies d'échelle par la standardisation ou l'homogénéisation des méthodes et des processus. Le Plan de Gouvernance devient un outil précieux car il permet, dans le même temps, d'identifier le bon niveau de mutualisation et de tenir compte des contraintes réglementaires propres à chaque type de métier et à chaque marché. Les activités de support comme la fonction achats se situent, en général, sur un niveau commun à plusieurs entités pour obtenir des synergies de moyens ou des économies d'échelle, mais d'autres peuvent être dépendantes d'entités spécifiques (filiales, pays...) pour être adaptées aux différences réglementaires ou juridiques (par exemple, la paie).

© Éditions d'Organisation

Dans le cas des activités de pilotage, le Plan de Gouvernance peut permettre aux dirigeants de prendre des décisions appropriées à l'aide d'indicateurs cohérents et d'allouer la responsabilité de la mise en œuvre au bon niveau de management. Il pose donc la question de la répartition des rôles et responsabilités entre le groupe, les *business units*, les régions ou les pays et également de l'articulation des interfaces entre les domaines métier. Les activités de pilotage existent au niveau du groupe — par exemple, pour les règles de reporting ou de consolidation — ; au niveau des *business units* — par exemple, pour le contrôle de gestion — ; et au niveau local — par exemple, pour avoir une communication spécifique sur une région ou un pays.

Fusions-acquisitions

En ce qui concerne la gouvernance, dans un même secteur, des modèles d'entreprise plus mutualisés ou plus subsidiarisés coexistent allégrement et tirent de cette dualité des avantages concurrentiels différents. Nous avons rencontré deux mutuelles d'assurance représentatives de ce cas : elles ont le même type de clientèle, les mêmes types d'offre (l'assurance étant très réglementée). L'une a fait du faible coût de ses prestations son credo. Elle a donc centralisé et mutualisé le maximum de fonctions par domaine, quitte à perdre en flexibilité et adaptabilité. L'autre, à l'inverse, a fait de la proximité client, de l'adaptabilité de son offre à des sous-secteurs de clientèle, son axe stratégique majeur. Chacune, indépendamment, optimise son modèle concurrentiel. Que se passerait-il si elles décidaient de s'associer ? Des axes de collaboration sont évidemment possibles entre ces deux mutuelles à condition d'adopter un Plan de Gouvernance nouveau, fruit des meilleures pratiques des deux entreprises : tirer parti de l'efficacité opérationnelle de l'une sur les activités à fort potentiel de mutualisation et jouer sur l'expertise de la relation client de l'autre pour produire des synergies étonnantes, si la conduite des changements respectifs est bien prise en compte.

Nous apportons ainsi une réponse originale et pragmatique aux problèmes souvent rencontrés lors de fusions-acquisitions ou de partenariats : les différences culturelles sont souvent sources de conflits entre les individualités des deux sociétés qui érigent en citadelles les territoires de chacun.

Nous avons utilisé cette approche lorsque ARC International, plus connu par sa marque Cristallerie d'Arques et dont le cas est présenté dans la deuxième partie du livre, a acquis des distributeurs français, anglais et espagnols. Le Plan de Gouvernance a été un moyen de replacer le débat au bon niveau. Une fois la stratégie de la nouvelle entité représentée par un Damier Stratégique, se posaient plusieurs questions de gouvernance : tirerait-on davantage de bénéfices d'une mutualisation ou d'une régionalisation de la distribution et de la logistique ? Dans quelle mesure les processus marketing ou de *sourcing* devraient-ils être régionaux ou mondiaux ? En comparant les processus au sein de chaque case du Plan de Gouvernance pour chacune des entreprises, les dirigeants ont pris conscience de l'écart entre la vision cible ainsi construite et l'identité de chaque entreprise. Nous avons donc insisté sur l'ampleur de la transformation à accomplir dans les domaines des ressources humaines, de l'informatique, voire des métiers. Mais c'était la condition pour construire et piloter un plan de transformation « juste adapté » aux besoins, organisé autour de projets, ressources et investissements placés sur le Plan de Gouvernance commun.

Des usages du Plan de Gouvernance

Nous venons de voir un premier usage du Plan de Gouvernance dans différentes situations : la représentation des décisions de mutualisation ou de subsidiarisation. Nous utilisons également le Plan de Gouvernance comme un « fond de carte » pour représenter l'allocation des ressources financières, humaines, techniques et informationnelles afin d'en analyser la répartition et l'adéquation à la stratégie.

Un autre usage du Plan de Gouvernance est d'anticiper les impacts des changements dans l'entreprise. C'est ainsi que nous nous sommes rendu compte, dans une banque, qu'un projet, lié aux normes IAS, apparemment circonscrit, impactait en fait quatre niveaux du Plan de Gouvernance et plus de quinze cases du Damier Stratégique : cette représentation a permis de prendre conscience de l'ampleur de la conduite du changement à mener. La direction générale a alors mis en place un programme de projets pilotés par niveau et de manière globale : ainsi a-t-on pu réussir un déploiement rapide et coordonné de l'ensemble.

Un autre exemple a été la mise sous contrôle du risque client, une des préoccupations majeures des banques. Le risque client est géré à plusieurs niveaux : en agence, dans le réseau, dans l'instance groupe et sur de multiples supports (compte courant, crédit consommation...). La représentation sur le Plan de Gouvernance de la banque concernée a permis de définir les types de risques à prendre en compte et les procédures de délégation des responsabilités. Le Plan de Gouvernance a mis en valeur les effets démultiplicateurs — et potentiellement dévastateurs — de la non-consolidation des risques croisés entre des offres différentes à un même client possédant des comptes dans plusieurs agences, sur plusieurs régions, voire pays. Ainsi, un référentiel client unique a-t-il été créé à l'échelle mondiale, administré par une structure décentralisée au bon niveau pour laisser une liberté — surveillée — aux différentes entités de la banque.

Une représentation tridimensionnelle

Le Damier Stratégique et le Plan de Gouvernance fournissent donc une représentation tridimensionnelle urbanisée de l'entreprise dont ils représentent les intentions stratégiques et l'organisation globale. Ils constituent également le creuset qui façonne le consensus stratégique au sein du comité de direction et permettent de transformer les intentions de la direction générale en plans d'action pour l'entreprise. Ces outils, par la clarté de leur représentation de l'entreprise, par leur utilisation à la fois stratégique et opérationnelle, permettent d'assurer l'alignement stratégique des métiers, des projets et des ressources. Dans les chapitres suivants, nous illustrons, concrètement, comment nos clients ont tiré parti de l'urbanisation du business pour transformer leur entreprise.

Seconde partie

Retours d'expériences

CAS 1

ARC International

ARC International est depuis l'an 2000 le nouveau nom de la célèbre Verrerie Cristallerie d'Arques, créée en 1825, implantée au cœur du Nord-Pas-de-Calais et spécialisée, au départ, dans les articles en verre destinés aux arts de la table. Comme Michelin à Clermont-Ferrand, cette entreprise est profondément implantée dans sa région, où elle est considérée comme le moteur de l'emploi. ARC International est également très impliqué dans la vie quotidienne locale, car le groupe a, depuis des décennies, transformé le cadre de vie de la population avec la construction de maisons pour le personnel, de lycées d'enseignement professionnel, d'écoles d'enseignement supérieur et d'équipements sportifs.

Mais il est incontestable que cette entreprise, longtemps classée parmi les plus traditionnelles, parfois même considérée par certains comme « paternaliste », a enregistré ces dernières années un certain nombre de bouleversements, fondamentaux et rapides.

➤ Son président-directeur général, Jacques Durand, a disparu en 1997, après soixante-dix ans d'activité au sein de l'entreprise : il avait lui-même succédé à son père, Georges Durand, qui avait tenu les rênes de la Verrerie d'Arques durant un demi-siècle ! Philippe Durand prend alors la tête de la société et engage pour le seconder dans sa tâche un directeur général, Patrick Gournay.

➤ En septembre 2000, l'entreprise procède à une importante opération de croissance externe : l'acquisition de Mikasa, le géant américain de la distribution de produits d'arts de la table. Cette étape marque un véritable tournant dans la vie de la Verrerie Cristallerie d'Arques, qui change alors de nom pour s'appeler ARC International. À travers cette acquisition, le groupe s'enrichit de quatre marques, bien implantées sur le marché nord américain : Mikasa, Studio Nova, Home Beautiful, Christopher Stuart.

En quelques années, l'entreprise est donc passée du stade de monoproducteur, fabriquant un type de produit sur un site de production, à celui de distributeur international, capable de proposer dans le monde entier six marques de produits recouvrant l'ensemble des arts de la table et de la décoration.

Ces produits étant fabriqués aussi bien sur ses sites traditionnels que sur d'autres, résultant de la croissance externe (Amérique du Nord, Espagne, Italie) ou récemment créés (Chine, Émirats arabes unis). Cette révolution se traduit dans les effectifs du groupe, qui emploie désormais 17 000 personnes dans le monde.

Conséquence directe de ce changement d'échelle : il faut désormais que le groupe puisse intégrer le sourcing (partie de la production fabriquée en externe) dans sa distribution, de façon à pouvoir présenter à sa clientèle des collections complètes des produits ARC International.

De plus, à la démultiplication des sites de production répond celle de la clientèle, puisque l'activité commerciale du groupe se structure aujourd'hui autour de trois activités principales :

➤ la vente directe aux consommateurs, via la grande distribution (hyper et supermarchés, grandes surfaces spécialisées : IKEA, Pier Import...) et la distribution sélective (grands magasins : Printemps et magasins de détail, boutiques cadeaux, boutiques de luxe...) ;

➤ l'Horeco (Hôtellerie-Restauration-Collectivités), qui s'adresse aux professionnels de la restauration collective et commerciale (hôtels, restaurants, pubs, cantines, hôpitaux...) ;

➤ le *BtoB* (*Business to Business* ou affaires industrielles), qui répond aux demandes des professionnels pour leurs offres promotionnelles (Coca-Cola, Perrier, McDonald's...), les contenants alimentaires (verres à moutarde Amora, de pâte à tartiner...) ou non alimentaires (diffuseurs de parfum, bougeoirs) ou des articles plus insolites comme des hublots de machine à laver ou des pèse-personnes.

Face à cette transformation, l'ancien système d'information d'ARC International est dépassé, car matériels et logiciels ne sont plus adaptés aux nouvelles caractéristiques de l'entreprise résultant de sa croissance externe : il ne peut plus continuer à répondre aux objectifs de la direction générale.

En octobre 2002, ARC International missionne Altime pour la refonte de son système d'information. Une approche originale est proposée par les consultants : pour construire un plan de rénovation du système d'information d'une telle ampleur, il faut, tout d'abord, formaliser la nouvelle stratégie du groupe, afin de bien préciser le périmètre que doit traiter le système d'information. Il s'agit donc de réaliser le Damier Stratégique de l'entreprise, afin que chacun connaisse et adhère en parfaite connaissance de cause à cette nouvelle stratégie. Un comité de pilotage, comprenant des membres du comité de direction, est constitué, avec, à sa tête, un membre du directoire d'ARC International.

Pendant le premier mois de la mission, les directeurs de l'entreprise sont auditionnés avec un objectif unique : les faire s'exprimer sur la façon dont ils imaginent leur groupe dans dix ans. Et en particulier sur le fait qu'ARC International, dans sa nouvelle configuration, doit mettre le client au centre de sa démarche, qui était jusque-là orientée essentiellement vers la production.

Cette série de rendez-vous individuels permet de vaincre les réticences et de réaliser un consensus au sein du comité de direction. L'élaboration du Damier Stratégique se poursuit très rapidement et il est avalisé par une réunion du comité de direction en novembre 2002.

À partir de janvier 2003 commence la deuxième phase : l'élaboration proprement dite du schéma directeur du système d'information. Les membres du comité de pilotage doivent pour cela procéder par étapes :

➤ identifier, en fonction des processus définis par le Damier Stratégique, les groupes de travail à constituer et les acteurs devant en faire partie (en tout, quelque 80 personnes sont concernées) ;

➤ mener une réflexion sur les métiers de chacun, de façon à discerner des projets, mais aussi des manques ou des attentes.

Cette démarche conduit à identifier quatre-vingts activités principales au sein du groupe, qui permettent, en définissant

© Éditions d'Organisation

Établir et piloter la stratégie — Définir les principes d'organisation et de gouvernance

Définir les objectifs et les budgets

Définition et gestion de l'offre	Commercialisation de l'offre	Sourcing des produits	Développement des produits / moyens de production	Prévisions et planification	Production	Gestion des stocks et de la distribution	Gestion des Points de Vente

Produits d'arts de la table pour les marchés Export

Produits d'arts de la table pour les professionnels HORECO

Produits d'arts de la table pour les réseaux *Mass Market*

Produits d'arts de la table pour les réseaux détail

— Négoce —

Produits verriers pour les clients *B2B*

Produits d'arts de la table pour le réseau de distribution MIKASA

Gérer les ressources financières

Gérer les systèmes d'information

Gérer la qualité

Gérer les ressources humaines et les conditions de travail

Communiquer

Gérer les achats hors produits négoce

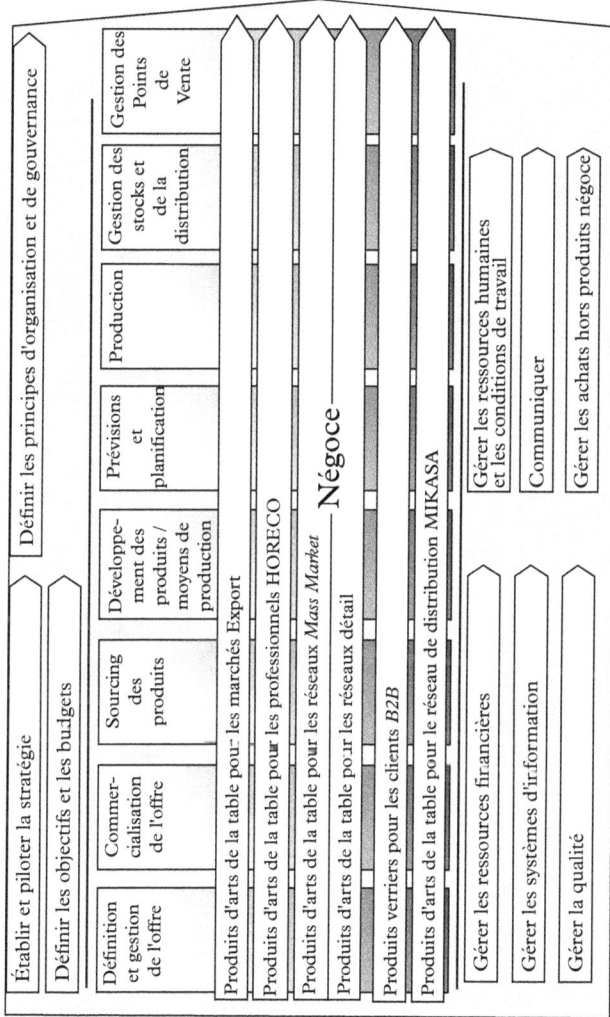

Figure 5 — Le Damier Stratégique d'ARC International

les niveaux de décision correspondant à chacune d'entre elles, d'établir le Plan de Gouvernance de l'entreprise.

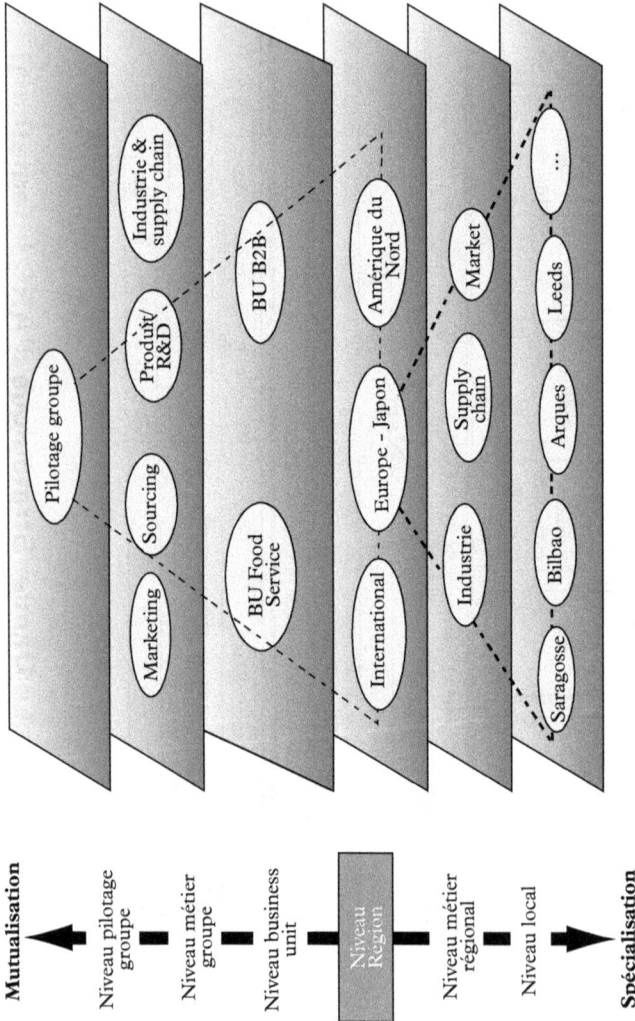

Figure 6 — Le Plan de Gouvernance d'ARC International

Il devient alors possible d'en tirer des conséquences pour l'architecture du système d'information, en tenant compte des besoins et des biorythmes des différents métiers du groupe. Même en ne traitant pas les projets hors système d'information, cette construction se poursuivra jusqu'en juin 2003, date à laquelle est présenté le schéma directeur des systèmes d'information, ainsi que le budget nécessaire à la mise en place des outils adaptés à ce schéma directeur, budget jugé très élevé par la direction de l'entreprise.

S'ensuit alors une période délicate qui prendra fin début 2004.

Pendant le premier semestre 2004, les structures de gouvernance correspondant au Damier Stratégique et au Plan de Gouvernance sont mises en place, ce qui permet une optimisation des ressources de l'entreprise.

Au second semestre 2004, les premiers projets opérationnels sont lancés.

La réorganisation du groupe, en accord avec les recommandations des consultants, se poursuit encore aujourd'hui.

En résumé, il est intéressant de remarquer que l'élaboration d'un schéma directeur pour le système informatique d'ARC International a permis de déployer l'ensemble des techniques du Damier Stratégique et du Plan de Gouvernance. La réorganisation du système informatique ne pouvait, en effet, se concevoir et être menée à bien sans un travail en amont, consistant à formaliser graphiquement, grâce au Damier Stratégique, la stratégie arrêtée par la direction générale, à en déduire un Plan de Gouvernance de l'entreprise, puis à en tirer les conclusions en ce qui concerne le système d'information. « *On a tout fait de A à Z*, résume un des consultants ayant travaillé sur cette mission. *Et nos opposants d'hier sont nos partisans d'aujourd'hui. Mais nous avons fait ce qu'il fallait pour cela. Même lorsque nous nous trouvions en face de résistances internes, nous avons cherché à convaincre et à persuader, sans jamais critiquer personnellement ceux qui n'étaient pas d'emblée en phase avec notre vision des choses. Mais nous avons su également prendre en compte certaines des particularités de cette entreprise séculaire, notamment sa culture "sociale" très forte ».*

Cette expérience a, en tout cas, permis de mieux encore maîtriser la conduite du changement chez ARC International. Ce changement peut être accepté à condition de très vite le rendre concret aux yeux des cadres et dirigeants concernés, de transformer le plus rapidement possible des concepts théoriques en réalités tangibles et chiffrables. En conséquence, la culture du document « livrable », qui était naturellement celle de tout consultant, a dû quelque peu s'effacer devant la matérialisation concrète du changement, et ses conséquences pour ceux qui le vivent.

La transformation d'ARC International permet plus particulièrement de tirer des enseignements sur la façon dont une industrie de process, tournée essentiellement vers la fabrication, peut faire face à la mondialisation de sa production et de sa distribution pour mieux mettre le client au centre de sa démarche. Et comment les techniques du Damier Stratégique et du Plan de Gouvernance peuvent éclairer et faciliter ce changement structurel profond.

Interview d'Axel Bhat, directeur du contrôle financier d'ARC international

En quoi était-il nécessaire de reformuler la stratégie du groupe pour réformer ses systèmes d'information ?

Cette nécessité était liée à l'histoire du groupe ARC International, dont la logique a profondément changé depuis la présidence de Philippe Durand. De nouveaux impératifs ont été définis pour l'entreprise : avoir le contrôle de sa distribution ; s'affranchir de la spécificité verrerie-cristallerie pour couvrir l'ensemble des arts de la table ; disposer de plusieurs sites de production pour mieux répondre aux attentes du marché. ARC International devait donc être géré comme un véritable groupe international. Or, auparavant, chacune de ses filiales étrangères avait un système d'information indépendant. La nouvelle stratégie nécessitait donc une complète remise à plat de l'organisation du groupe, à commencer par une refonte des systèmes d'information, les anciens systèmes n'étant pas en adéquation avec cette stratégie.

Pourquoi le Damier Stratégique permettait-il de traduire les diversifications d'ARC International : des produits, des sites et de la clientèle ?

Notre démarche de l'époque est simple. Le système d'information conditionnant les relations entre les entités du groupe, nous cherchons à développer un nouveau S.I. qui soit géré par et pour les métiers, et non par et pour les informaticiens. Nous recherchons donc des experts pour nous accompagner dans cette démarche et nous découvrons ainsi la société Altime, dont la méthodologie du Damier Stratégique nous semble en adéquation avec nos besoins. Cette méthodologie permet, en effet, d'organiser la complexité. Auparavant, lorsque nous cherchions à « tirer la ficelle métier », nous n'arrivions pas jusqu'au bout, car elle se perdait dans l'organisation géographique ou hiérarchique du groupe. Avec le Damier Stratégique, nous pouvons disposer d'une représentation complète de l'entreprise en fonction de sa stratégie. Le damier est aussi un élément supplémentaire pour faire adhérer les gens aux changements, même si nous avions déjà beaucoup de moyens pour susciter cette adhésion.

Cette méthodologie a-t-elle entraîné des résistances ?

C'est inévitable au départ, car elle demande un gros investissement des équipes concernées et provoque d'importants changements, en particulier pour les informaticiens. Mais ces résistances ont été surmontées par un grand nombre d'échanges et de réunions et par l'implication forte des informaticiens eux-mêmes dans cette nouvelle gouvernance, avec obligation de réussite. Mais c'est surtout le Plan de Gouvernance qui suscite des résistances : c'est plus concret, on parle d'équipes, de postes, de choix de personnes… C'est là que le rôle de l'architecte du groupe, ainsi que les moyens mis à disposition pour conduire le changement, sont des éléments clés pour la réussite de l'opération.

Comment les choses se seraient-elles passées en l'absence de Damier Stratégique et de Plan de Gouvernance ?

Nous aurions perdu beaucoup de temps. Le Damier Stratégique et le Plan de Gouvernance ne sont pas des recettes miracles, mais des méthodes qui nous remettent en cause et nous secouent. De plus, ce sont des outils pratiques qui ont fait leurs preuves dans d'autres entreprises. C'est d'ailleurs ce qui explique qu'une phase de recadrage et d'adaptation soit nécessaire au début, car l'expérience acquise ailleurs ne peut évidemment pas être transposée telle quelle. Cette présentation, très théorique au commencement, peut d'ailleurs expliquer le peu d'enthousiasme de départ des informaticiens qui sont des gens qui travaillent dans le concret. Mais cette impression s'estompe au fur et à mesure que se met en place le chantier de la réforme.

L'apport du Damier

Dans le cas d'ARC International, le Damier Stratégique a permis de représenter toutes les complexités à gérer simultanément dans le cadre de la nouvelle stratégie du groupe : celui-ci changeait à la fois de nature (évoluant de producteur à distributeur), de produits (de la verrerie-cristallerie à une gamme complète d'arts de la table), de clientèles et de sites de production. Seul le Damier Stratégique pouvait synthétiser simplement toutes ces évolutions, ce qui était capital pour faire partager cette vision stratégique à l'ensemble du comité de direction.

Si le Damier Stratégique expose graphiquement les complexités en cause, le Plan de Gouvernance, lui, montre comment les gérer. Il pose les bonnes questions, mais c'est aux dirigeants de fournir les bonnes réponses. En d'autres termes, le Plan de Gouvernance détermine les cibles, mais il reste à définir les trajectoires permettant de les atteindre.

Le poids du passé

« *Ce qui est très frappant dans une entreprise ancrée dans sa région comme ARC International, c'est à la fois la taille de son site "historique", celui d'Arques, et la forte présence de la famille fondatrice dans la ville.* » Ces paroles d'un des consultants d'Altime sont d'abord un hommage rendu à l'action d'une entreprise soucieuse dès l'origine de sa responsabilité sociale vis-à-vis de ses salariés et de leurs familles. Mais elles mettent également en lumière la profonde mutation d'un groupe qui a dû impérativement, sous peine de disparaître, s'adapter à la mondialisation, quitte à voir se distendre progressivement les liens qui l'unissaient à son terroir. « *Lorsque vous arrivez dans des bureaux ou des ateliers où est accrochée au mur une photo géante de l'ancien patron,* reprend le consultant, *le simple fait de dire à ces gens qu'ils allaient changer de métier posait un gros problème. Et le premier réflexe était de fusiller le porteur de mauvaises nouvelles. C'est pourquoi il était tellement important de disposer d'outils d'explication et de communication comme le* Damier Stratégique *qui est un véritable facilitateur d'explication, de dialogue et, au final, de consensus.* »

CAS 2

BNP-Paribas

La fusion entre la Banque nationale de Paris et Paribas, entérinée en mai 2000, a eu naturellement des conséquences importantes pour les systèmes d'information qui existaient antérieurement dans les deux établissements et pour ceux de la nouvelle entité, BNP-Paribas. Ceci avait déjà conduit, dès l'été 2000, à l'élaboration d'un plan d'urbanisme lors de la fusion des systèmes d'information.

En 2002, c'est un nouveau problème que doivent résoudre les responsables de la banque, et plus particulièrement la direction informatique du groupe, SIG (systèmes d'information groupe) : identifier, de façon mondiale, les entreprises clientes de BNP-Paribas, autrement dit mettre au point un référentiel mondial des personnes morales clientes de la banque.

La tâche n'est pas aisée : BNP-Paribas a des activités « entreprises » dans le monde entier, à travers plusieurs centaines de filiales dédiées. En outre, de nombreuses entités commerciales (succursales) comptent des entreprises parmi leurs clients. Réciproquement, lorsque les entreprises clientes sont elles-mêmes internationales, elles peuvent être en relation, dans de nombreux pays, avec les structures locales de BNP-Paribas. Il y a donc une véritable difficulté à élaborer une procédure de reconnaissance de ce type de clients, qui sont souvent aussi décentralisés géographiquement que la banque elle-même.

Dans une grande structure comme celle-ci, une même personne physique ou morale est donc potentiellement cliente ou prospectée par plusieurs directions, entités, pays, filiales...

La question qui se pose est : jusqu'où un commercial est-il « propriétaire » de son client ou prospect ? Quelle entité doit être considérée comme *leader* sur un client entreprise ou un groupe financier ? Comment encourager le *cross-selling* (partage de marge, commissionnement) ? Quelles sont les données qu'il est indispensable de partager ? Quelles sont celles dont la gestion peut-être mutualisée ?

Partager trop de données est inefficace : elles risquent de ne pas être à jour, elles sont collectées et interprétées localement, cela coûte cher et ne produit pas de valeur ajoutée.

Mais ne pas partager certaines données est dangereux pour la banque. Elle doit par exemple :

➤ repérer les personnes suspectes de blanchiment ;

➤ évaluer ses accords commerciaux en fonction du risque qu'elle prend sur le client, qui peut faire partie d'un groupe financier extrêmement étendu, et de la rentabilité du client.

Compte tenu de cette complexité, il est permis de se demander pourquoi il est indispensable de pouvoir reconnaître, grâce à ce futur référentiel mondial des personnes morales, un client entreprise dans quelque pays que ce soit. Trois raisons essentielles, au départ, sont à l'origine de cette démarche :

➤ sur le plan commercial, il est souhaitable de consolider l'ensemble des relations que BNP-Paribas entretient avec un client entreprise, c'est-à-dire d'avoir une vision globale de cette relation, afin de pouvoir affiner encore l'offre de la banque vis-à-vis de ce client ;

➢ au niveau du risque, la connaissance de l'endettement total de l'entreprise vis-à-vis de la banque est un élément important de surveillance et d'évaluation ;

➢ enfin la rentabilité globale de cette relation avec un client ne peut être calculée que si la banque dispose d'un tel référentiel d'identification de ce client.

Comment, alors, mettre au point ce système de reconnaissance ? Il existait bien, auparavant, des référentiels des clients entreprises chez BNP et chez Paribas mais, d'une part, ils n'étaient pas connectés à toutes les filiales ou succursales de l'une ou l'autre banque et, d'autre part, les essais de « migration » entre les fichiers se sont révélés peu concluants.

La construction d'un référentiel commun était donc indispensable. Il restait à établir les niveaux de partage des informations : déterminer, en appliquant le principe de subsidiarité, quels types d'informations devaient impérativement être centralisées dans le cadre du référentiel central.

La première étape a consisté à identifier, avec les directions des métiers de la banque et en partant des référentiels existants (celui de la BNP auquel a été agrégé celui de Paribas), quelles informations devaient être mises en commun dans les trois domaines définis ci-dessus : commercial, risque, rentabilité. Mais aussi qui devait en avoir connaissance, c'est-à-dire quel était le niveau de subsidiarité souhaitable.

Pour ce faire, le « modèle d'activité » établi en 2000, lors de l'élaboration du plan d'urbanisation destiné à la fusion des systèmes d'information, a pu être utilisé : ce « modèle d'activité », qui représentait les principaux secteurs d'activité de BNP-

Paribas ainsi que ses segments de clientèle, était en fait un Damier Stratégique avant la lettre, auquel correspondait également, à l'époque, un Plan de Gouvernance. Il suffisait donc de partir de ces documents très généraux et de prolonger la réflexion en ce qui concerne les relations avec les grandes entreprises clientes de la banque.

Le Damier Stratégique identifiait les chaînes de valeur et les cibles de clients. Le Plan de Gouvernance identifiait les niveaux de mises en commun, et notamment deux niveaux :

➤ le niveau groupe, recensant les activités et données de pilotage « régalien » du groupe et les activités et données mutualisées « par choix » ;

➤ le niveau subsidiaire entités ou métiers.

Ce travail avec les directions des métiers a permis d'établir que très peu d'éléments devaient être mis en commun au niveau du groupe, nécessitant une forte coordination mondiale :

➤ un identifiant unique et commun, auquel s'ajoute la raison sociale de l'entreprise cliente ;

➤ une représentation à jour de l'organisation financière des grands groupes, ceci afin de savoir quels sont les liens capitalistiques entre telle ou telle entreprise, si une entreprise présente dans tel ou tel pays est filiale d'un groupe international, etc. ;

➤ les notations qui permettent l'appréciation du risque sur une entreprise ou un groupe d'affaires ;

➤ les données d'exploitation, qui sont les chiffres qui caractérisent la relation ;

➤ les sites en relation.

Les applications de ce référentiel concerneront finalement la centralisation du risque et l'étude de la rentabilité globale de la relation avec le client. En revanche, il a été décidé de ne pas effectuer de centralisation en ce qui concerne l'offre commerciale, celle-ci n'étant pas nécessaire et pouvant être gérée au niveau des filiales et succursales BNP-Paribas, ou au niveau des métiers.

La mise en œuvre de ce référentiel mondial des personnes morales est terminée. Il est en cours de déplacement suivant un plan de connexion et d'évolution s'étalant sur plusieurs années.

Un tel projet a nécessité le plein soutien des dirigeants du groupe BNP-Paribas pour être mis en œuvre, puisqu'il requiert, pour devenir opérationnel, la mise en commun d'informations détenues par des entités diverses de ce groupe.

L'élaboration de ce référentiel posait essentiellement un problème de mise en commun d'informations et de définition des niveaux de partage et de décision : il faisait donc principalement appel au Plan de Gouvernance, plus qu'au Damier Stratégique, dont a simplement été utilisée une ancienne version pour mieux délimiter le périmètre du projet.

L'apport du Plan de Gouvernance

Le Plan de Gouvernance, principal outil utilisé par les consultants d'Altime dans le cas BNP-Paribas, a facilité une prise de décision collective en permettant de visualiser les responsabilités de chacune des entités de gestion et d'administration du groupe et leurs contenus. Il a ainsi permis d'arbitrer ce qui devait − ou ne devait pas − être mis en commun dans l'élaboration de ce référentiel mondial des personnes morales.

Le Plan de Gouvernance agit donc comme un élément fédérateur, mais il n'est pas pour autant la pierre philosophale. Des discussions sont indispensables pour déterminer comment atteindre les objectifs définis : avec quelles ressources, quelle organisation, quels systèmes d'information, etc.

Il est d'ailleurs fréquent que certains des responsables concernés essaient de contester ou de contourner la décision en influençant l'élaboration du Plan de Gouvernance selon la projection qu'ils se font d'eux-mêmes dans l'organigramme qui devrait correspondre au dit Plan de Gouvernance.

Suisse éternelle

Pour cause de secret bancaire, il est intéressant de noter que, dans certains pays (de type paradis fiscaux), il a fallu limiter, voire ne pas implanter, le référentiel mondial des personnes morales. Il en est ainsi, par exemple, de la Confédération helvétique. Même l'identifiant unique, ne comportant pourtant pas de renseignements confidentiels, n'est pas utilisé dans les établissements suisses du groupe…

CAS 3

Aéroports de Paris

Fin 2002, la question d'une possible privatisation partielle d'Aéroports de Paris (ADP) est à l'ordre du jour. Mais cette question en amène instantanément une autre : qu'est-ce qu'ADP ? Quelle est l'identité de cette entreprise, quels sont ses métiers, ses missions, sa stratégie ?

Cette deuxième question est tout sauf innocente, car Aéroports de Paris est devenue au fil du temps une entreprise complexe. Créée après la Seconde Guerre mondiale, elle a d'abord pour objet d'aménager, exploiter et développer des pistes d'atterrissage et des bâtiments d'accueil sur la base aérienne d'Orly et de prendre en charge les plates-formes aéroportuaires civiles de la région parisienne, en particulier Le Bourget et Orly. Au départ, ADP est donc essentiellement une affaire d'architectes, de bâtisseurs et d'ingénieurs.

Au fil du temps, s'ajoutent et se superposent des missions et des métiers multiples, souvent filialisés, externalisés ou sous la responsabilité d'autres acteurs aéroportuaires : service de sécurité, livraison des bagages, restauration, bureaux de poste, etc. Aménageur et gestionnaire technique spécialisé à l'origine,

ADP devient progressivement le fournisseur ou le coordinateur de services multiples, aux intervenants variés et aux clientèles diverses. L'extension du nombre de clients directs et indirects ainsi que la multiplication de l'offre de services ont induit un fort enrichissement de la mission de service public d'origine. En 2004, les redevances aéroportuaires, qui couvrent la mission de base d'accueil des avions et des passagers, ne constituaient plus que 30 % du chiffre d'affaires d'ADP.

D'où la nécessité, fin 2002, de redéfinir l'entreprise, c'est-à-dire de disposer d'une description globale des services proposés pour éclairer la vision stratégique et instrumenter les démarches de progrès Cette nécessité n'est pas liée seulement aux perspectives de privatisation, mais aussi à la forte concurrence qu'affronte ADP de la part des autres grandes plates-formes aéroportuaires européennes, toutes se disputant l'accueil des compagnies aériennes internationales.

Ces objectifs se traduisent par la mise en œuvre d'un projet d'entreprise, dont la première étape consiste à formaliser une vision stratégique qui soit l'expression de l'identité et de l'ambition d'ADP : « *Être par nos valeurs, nos compétences et nos résultats, une entreprise publique aéroportuaire de référence dans le monde et un acteur majeur du développement de la région Île-de-France.* »

Plusieurs démarches de progrès s'appuyant sur la description des métiers d'ADP avaient déjà été lancées et parfois certifiées dans les domaines de la qualité, de la sécurité, de la sûreté, de l'environnement et du système d'information. Il s'agit de mettre en cohérence ces démarches en leur donnant un cadre commun. Une organisation dédiée est créée pour ce faire : la « délégation aux systèmes qualité », confiée à Jean-Yves Valin.

Dans un premier temps, les missions dévolues à cette structure sont :

➢ orienter l'ensemble des unités dans une même vision « clients » et autres « partie prenantes » ;

➢ encourager les unités d'ADP à engager, dans un cadre cohérent, des démarches plus structurées de management de la qualité ;

➢ coordonner le déploiement de ces démarches et veiller à leur cohérence.

« *Pour engager ces processus qualité*, explique Jean-Yves Valin, qui est aujourd'hui le directeur de la stratégie d'Aéroports de Paris, *il nous fallait analyser la véritable usine qu'est un aéroport, et préciser, au sein de cette usine, quelle est la place et le rôle d'ADP. Nous devions donc avoir une approche double : créer une cartographie des processus d'un aéroport et y définir le positionnement d'ADP, d'une part, et, d'autre part, connaître les processus clients et de l'aéroport et d'ADP, ce qui représentait deux niveaux de vision profondément imbriqués.* »

La définition des clients de l'aéroport et de ceux d'ADP était, en effet, l'une des principales difficultés à surmonter. ADP, qui possède les terrains et bâtiments de l'aéroport, offre des services. Ses clients sont, pour partie, les autres acteurs des plates-formes aéroportuaires, à savoir les compagnies aériennes, l'hôtellerie, le fret, les diverses sociétés implantées sur le site, et, pour partie, directement les passagers ou des expéditeurs de fret, par exemple pour les parcs de stationnement. La création de valeur suit ainsi un cheminement complexe.

Cette analyse impose donc de faire apparaître la notion de client final, qui peut se définir de la façon suivante : le client final est celui qui peut « détruire » le service proposé, c'est-à-dire le consommer intégralement.

Cette cartographie des processus-clients d'ADP a été obtenue par paliers :

➤ le premier stade a consisté à dégrossir les étapes de la création de valeur jusqu'aux clients finals ;

➤ dans le second, on a dressé la liste des clients, des produits et des services fournis, et fait apparaître la création de valeur à chaque étape. Puis on a repositionné le rôle spécifique d'ADP dans ce processus, c'est-à-dire montré là où ADP crée de la valeur.

C'est l'ensemble de cette cartographie qui constitue le Damier Stratégique d'ADP, que l'on peut qualifier de Damier Stratégique étendu, puisqu'il ne s'arrête pas aux clients directs d'ADP, mais s'étend jusqu'aux clients finaux, même si ceux-ci ne sont qu'indirectement des clients d'ADP.

« *Cette démarche était essentielle,* estime Jean-Yves Valin, *pour mieux cerner les métiers et les clientèles d'Aéroports de Paris. Si nous n'avions pas appliqué la méthode du Damier Stratégique successivement aux deux niveaux de l'aéroport puis de l'entreprise ADP, la vision globale de notre activité aurait été beaucoup moins claire, et notre démarche qualité beaucoup plus lente.* »

Cette démarche permet aussi d'éclairer certaines questions stratégiques posées à ADP. Par exemple, en ce qui concerne le tri des bagages, elle distingue clairement son rôle de coordonnateur de l'organisation d'ensemble sur l'aéroport et son rôle de prestataire direct au profit de certaines compagnies aériennes.

À l'issue de l'élaboration du Damier Stratégique, le double rôle d'ADP est donc mis en lumière :

➤ ADP assure la coordination de l'action des différents intervenants, quelle qu'en soit la nature, de manière à garantir le bon fonctionnement du service aéroportuaire ;

➤ ADP est l'opérateur d'une partie de l'offre de produits et services.

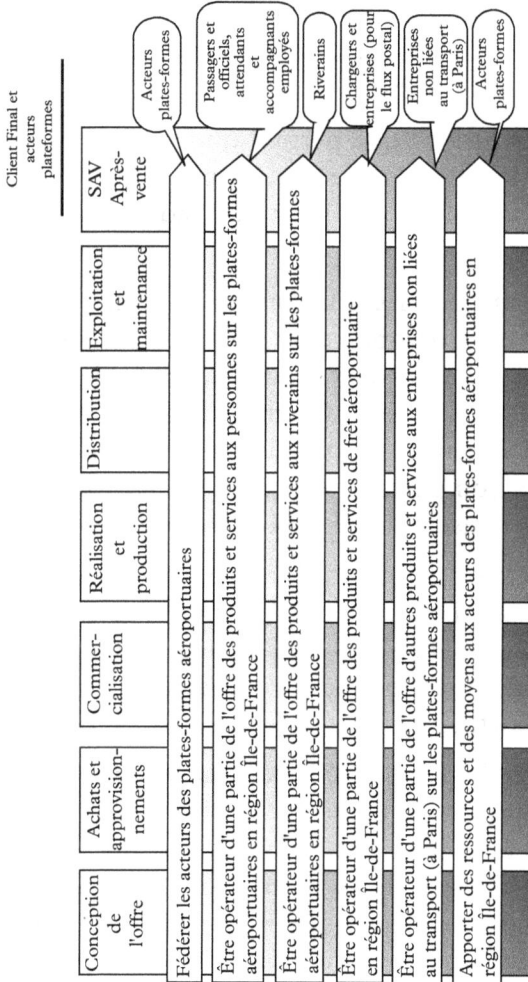

Conception de l'offre	Achats et approvision- nements	Commer- cialisation	Réalisation et production	Distribution	Exploitation et maintenance	SAV Après- vente	Client Final et acteurs plateformes
Fédérer les acteurs des plates-formes aéroportuaires							Acteurs plates-formes
Être opérateur d'une partie de l'offre des produits et services aux personnes sur les plates-formes aéroportuaires en région Île-de-France							Passagers et officiels, attendants et accompagnants employés
Être opérateur d'une partie de l'offre des produits et services aux riverains sur les plates-formes aéroportuaires en région Île-de-France							Riverains
Être opérateur d'une partie de l'offre des produits et services de frêt aéroportuaire en région Île-de-France							Chargeurs et entreprises (pour le flux postal)
Être opérateur d'une partie de l'offre d'autres produits et services aux entreprises non liées au transport (à Paris) sur les plates-formes aéroportuaires							Entreprises non liées au transport (à Paris)
Apporter des ressources et des moyens aux acteurs des plates-formes aéroportuaires en région Île-de-France							Acteurs plates-formes

Figure 7 — Le Damier Stratégique de la filière aéroportuaire

Le Damier Stratégique fait donc apparaître la réalité de l'entreprise et facilite les décisions politiques du Comité de direction. L'étude du chiffre d'affaires par produits et par clients a ainsi montré que les principaux clients d'ADP étaient les compagnies aériennes, qui représentent 47 % du chiffre d'affaires de l'entreprise.

Si le Damier Stratégique permet d'identifier et de représenter la création de valeur, il peut aussi prendre en compte la destruction de valeur, qui peut être considérée comme une création négative.

Concrètement, les riverains ont la capacité, par leur action hostile à l'activité aéroportuaire, de « détruire » ou du moins de plafonner la création de valeur. Par exemple, dans le cas de l'aéroport d'Orly, ils ont obtenu le plafonnement du nombre de rotations aériennes, ce qui bloque l'accroissement du chiffre d'affaire des compagnies aériennes et, par extension, la mise en valeur de l'ensemble de la plate-forme aéroportuaire.

Mais le Damier Stratégique a permis aussi de prendre en compte la valeur ajoutée d'ADP pour les riverains (emploi, hôtellerie, commerces ouverts 24 heures/24, transport multimodal à proximité), de façon à rehausser l'image de la plate-forme aéroportuaire vis-à-vis de ceux-ci.

La méthode du Damier Stratégique a également permis de répondre à une autre demande d'ADP : disposer d'une cartographie des processus mis en œuvre par une unité de base de l'entreprise chargée de la gestion opérationnelle d'une aérogare. Destinée aux responsables des centres de responsabilité, cette cartographie doit leur servir d'outil d'optimisation des processus au regard des rôles des différentes unités, internes ou externes, qui concourent à leur mission. Ceci a permis de conforter la stratégie de création de centres de profit indépendants par plate-forme aéroportuaire (Orly et Roissy) et par aérogare.

Au final, le Damier Stratégique a été considéré par ADP comme le bon support pour accompagner la description de processus complexes imbriqués à plusieurs niveaux et asseoir ainsi les démarches qualité dans l'entreprise. Les volontés ont été mobilisées autour de ces démarches au sein d'un large comité de pilotage permanent incluant des chefs de département représentatifs d'ADP : stratégie, service aux clients, informatique, contrôle de gestion, exploitation...

Une fois encore, la matérialisation simple de l'identité et de la stratégie de l'entreprise que constitue le Damier Stratégique a permis une communication claire au sein de l'entreprise et une forte mobilisation interne autour d'un projet commun. « *Même si*, précise un consultant, *le Damier Stratégique n'est, par rapport à l'ensemble des processus et aux départements de l'entreprise, que la partie émergée de l'iceberg, il constitue un catalyseur irremplaçable.* »

Dans le cas d'ADP, il n'y a pas eu en revanche à élaborer un Plan de Gouvernance de l'entreprise à partir du Damier Stratégique, la décentralisation de la gestion vers les plates-formes aéroportuaires étant déjà réalisée. En revanche, l'apport du Damier Stratégique a permis de réaliser dans une deuxième phase un Plan de Gouvernance des systèmes d'information.

L'apport du Damier Stratégique

Dans le cas d'Aéroports de Paris, le Damier Stratégique a permis d'établir un lien concret entre la stratégie et le terrain. Et de donner une vision cohérente de l'ensemble des activités d'ADP, qu'elles soient sous son contrôle direct (éventuellement filialisées, sous-traitées ou concédées) ou dans son domaine de coordination des autres intervenants du service aéroportuaire. Il a également fait apparaître clairement les fonctions dans lesquelles ADP créait de la valeur au sein de la filière aéroportuaire. Cet apport est d'autant plus précieux que le XXIe siècle sera marqué par une évolution multimodale des transports, où avion, train, métro et autres modes de déplacement collectif seront étroitement imbriqués.

Le Damier Stratégique est, jusqu'à présent, le seul outil de management simple fournissant une vision graphique d'ensemble, permettant d'aller jusqu'au client final, le passager, en désimbriquant les fonctions de chacun des intervenants. Il a également permis de prendre en compte les riverains des aéroports, ce qui s'est traduit par des actions concrètes en leur direction, valorisant par exemple le rôle d'ADP comme employeur local ou comme prestataire de services dont bénéficient aussi les habitants des communes concernées.

Le « Rubik's Cube »

Les équipes impliquées d'ADP se sont très vite approprié la description des processus selon le Damier Stratégique. Il est vrai que beaucoup des responsables du groupe sont issus du monde de l'urbanisme et de l'architecture, ce qui les rendait particulièrement réceptifs à ce type de concept. Cette appropriation a été si parfaite que certains d'entre eux ont élaboré une version en trois dimensions du Damier Stratégique, qui est normalement en deux dimensions, version mille-feuilles rebaptisée par ses auteurs le « Rubik's Cube ». Ceci pour décomposer la performance de chaque processus selon différents thèmes essentiels pour un aéroport, tels que la qualité, la sécurité d'exploitation, la sûreté, l'environnement. Aéroports de Paris fait donc évoluer le Damier Stratégique selon ses besoins. « *À tel point que je ne l'ai plus reconnu* », reconnaît l'un des consultants d'Altime qui avait construit le Damier Stratégique d'origine.

CONCLUSION

L'entreprise pilotée par les processus

Depuis le début de l'ère industrielle, l'entreprise a connu trois grandes étapes dans l'évolution de son management. Elles sont directement liées à la nature de l'avantage concurrentiel et aux différentes manières de le mettre en œuvre.

Jusqu'à la moitié du XXe siècle, l'avantage concurrentiel repose sur la technologie et les moyens de production. Le management dominant est le management par la technique. La référence dominante est celle de l'ingénieur. Le modèle d'organisation du travail est le taylorisme.

Puis, deuxième étape, jusqu'aux années 1990, l'avantage concurrentiel se déplace sur le terrain du marketing et du commerce avec l'apparition des premières matrices stratégiques qui portent essentiellement sur l'analyse produit/marché. Le management dominant est le management par le marketing. La référence principale est celle du chef de produit ou du responsable marketing.

Aujourd'hui, l'avantage concurrentiel réside dans l'approche globale de la chaîne de valeur. Le Damier Stratégique et le Plan de Gouvernance sont conçus comme les nouveaux outils stratégiques adaptés à cette étape. Nous faisons volontiers l'hypothèse que le mode de management dominant sera le management par les processus. La référence principale sera celle du *pilote de processus* ou *directeur de processus* ou *propriétaire de processus* traduction du terme anglo-saxon *process owner*.

Cette idée n'est ni abstraite ni artificielle, car il existe des pionniers en la matière : nous l'avons bien vu chez l'un de nos clients télécoms où la démarche de management par les processus est devenue en quelques années partie intégrante du fonctionnement de l'entreprise : du marketing au service client et au réseau, chacun, fièrement, sait dans quel(s) processus s'inscrit son travail et donc comment il contribue à la performance globale de l'entreprise. Pour les managers, cette démarche établit un lien direct et clair entre la stratégie de l'entreprise, les objectifs globaux de performance assignés par la direction générale et leur adaptation à chacun des départements et services.

Nous avons tiré de cette expérience et de celles qui ont suivi, deux enseignements : d'une part, le Damier Stratégique et le Plan de Gouvernance peuvent être le fond de carte qui rapproche et met en cohérence les objectifs de l'entreprise avec les objectifs de performance et d'efficience des processus. D'autre part, manager la performance des processus est la première étape vers *un pilotage de l'entreprise par les processus*. Pour les managers, cette dernière phase facilite la transparence de leurs résultats et leur responsabilisation. On aboutit alors à un management équilibré : d'un côté, la chaîne de valeur tire la performance globale attendue des processus par rapport au marché, de l'autre, le domaine de valeur permet de consolider et d'optimiser la performance interne des maillons qu'il contient.

Il existe cependant encore un hiatus entre la formalisation de l'entreprise qui donne la priorité à la chaîne de valeur et aux avantages concurrentiels et son organisation effective. Hors quelques lissages lexicaux — direction des ressources humaines, direction de la fidélisation, etc. —, l'organisation des entreprises demeure très traditionnelle. Elle semble n'avoir guère changé depuis des décennies : ce sont davantage les domaines de valeur que les chaînes de valeur ou les processus qui désignent les responsabilités dans l'entreprise. Les organigrammes hérités du passé devront faire place à des formes d'organisation qui seront fondées sur de nouvelles responsabilités, notamment en ce qui concerne le pilotage des processus.

Les trois dimensions révélées par le Damier Stratégique et le Plan de Gouvernance aident à structurer l'entreprise pour une création de valeur optimale. Le fil rouge du pilotage de l'entreprise reste néanmoins ses processus, qui produisent, *in fine*, les produits et services promis aux clients.

Dans le foisonnement d'instruments de pilotage mis à la disposition des dirigeants d'entreprise, le pilotage par les processus reste le plus central, car il éclaire le plus directement le management sur la performance de ses activités tant pour ses clients que pour l'entreprise elle-même et ses actionnaires. Les objectifs de coût, délai et qualité fixés aux processus sont les meilleurs indicateurs de la performance globale de l'entreprise. Ils se révèlent, par ailleurs, comme les instruments les plus efficaces pour mobiliser les acteurs de l'entreprise sur la satisfaction des clients.

Il reste un long chemin à parcourir pour mettre en place ce pilotage par les processus qui est orthogonal au pilotage classique en silos par grande fonction. Il s'agit donc d'un profond changement d'organisation pour les entreprises. Nous en sommes convaincus, les dirigeants devraient profiter des transformations inévitables qu'ils doivent mettre en œuvre pour initier cette révolution.

Cette révolution peut être mise en œuvre progressivement et constituer une évolution « acceptable » du mode de management de l'entreprise. Il ne s'agit pas de tout changer d'un coup, cela ne fonctionnerait pas ! Le schéma ci-dessous illustre bien les différentes phases de gouvernance des processus qui mènent à la gouvernance par les processus.

Ces différentes phases permettent d'évaluer la maturité de l'entreprise dans la mise en œuvre du nouveau mode de pilotage.

La première phase de la démarche processus consiste à identifier les processus grâce au Damier Stratégique. La seconde phase consiste à attribuer la responsabilité des processus à des pilotes et de nommer les acteurs métiers amenés à travailler sur les processus. La troisième phase consiste à modéliser les processus. La quatrième phase permet de passer du stade artisanal au stade industriel en outillant la modélisation des processus afin de pouvoir la partager plus facilement dans l'entreprise. Les processus deviennent alors un outil de dialogue commun à toute l'entreprise. Tout le monde parle processus. À ce stade, tout projet sera évalué en fonction de son impact sur les processus et permettra d'identifier immédiatement les personnes concernées. L'entreprise peut alors mettre en place un pilotage des processus en définissant et mesurant des indicateurs de performance reliés à la création de valeur pour le client final. Enfin, elle peut décliner ses objectifs stratégiques en objectifs opérationnels attachés aux processus et responsabiliser chaque pilote de processus sur l'atteinte de ces objectifs mesurables. L'entreprise atteint alors un stade ver-

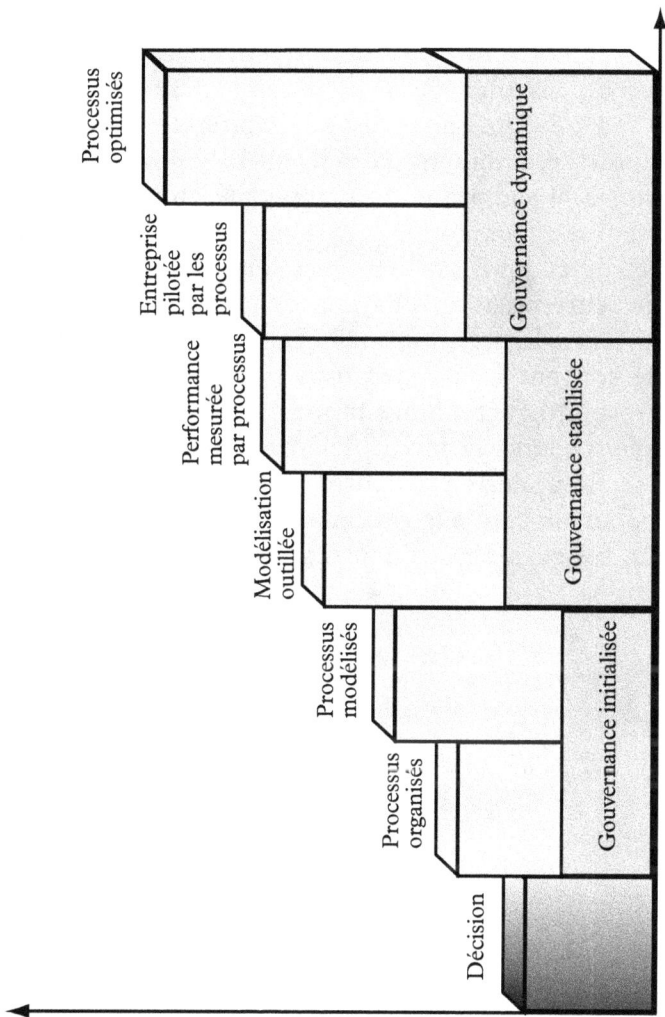

Figure 8 — De la gouvernance des processus à la gouvernance par les processus

Processus optimisés

Entreprise pilotée par les processus

Performance mesurée par processus

Modélisation outillée

Processus modélisés

Processus organisés

Décision

Gouvernance dynamique

Gouvernance stabilisée

Gouvernance initialisée

tueux où les processus sont sans cesse améliorés en fonction des dysfonctionnements identifiés ou des inflexions stratégiques.

La complexité de notre monde est irréversible. La simplicité est une œuvre de Sisyphe ; non qu'elle soit désespérante ni désespérée — on peut imaginer Sisyphe heureux — mais elle doit être toujours recommencée. S'il existe aujourd'hui un sens de l'Histoire, il s'exprime en complexité croissante sans que ni fin ni retour en arrière ne soient envisageables. S'il faut savoir prendre cette complexité à bras-le-corps, il ne faut pas la laisser envahir l'entreprise sous l'avatar de la complication. En effet, la simplicité de l'analyse formelle et de la modélisation se heurte encore souvent à la superposition d'une organisation qui ne lui correspond guère. Nous faisons le pari, au nom de la simplicité, que progressivement, les organisations devront elles-mêmes se simplifier en collant davantage à la vie même de l'entreprise en tant qu'elle produit de la valeur et cultive, jour après jour, ses avantages concurrentiels.

Annexes

Le Damier Stratégique

> Le Damier Stratégique est la traduction de la vision stratégique de la direction générale. Il met en évidence les éléments les plus stables qui structurent l'entreprise : ses métiers ou segments stratégiques et leurs principales chaînes de valeur, ses domaines de valeur ou principales étapes de ces chaînes de valeur. Cette vision peut ensuite se décliner de façon différenciée dans chaque « case » du Damier Stratégique.

Le Damier Stratégique s'appuie sur les concepts suivants :

➢ Les segments stratégiques : un segment stratégique est un ensemble de lignes/gammes de produits ou de services partageant les mêmes ressources pour affronter les mêmes concurrents, sur les mêmes marchés, avec les mêmes technologies et ayant à maîtriser les mêmes facteurs clés de succès. La création de valeur de l'entreprise sur un segment stratégique se fait progressivement le long d'une chaîne de valeur (*cf.* Michael Porter).

➤ Les domaines de valeur : une chaîne de valeur est constituée d'une chaîne d'activités opérationnelles qui contribuent à fabriquer la valeur finale des produits ou services
attendus par la catégorie de clients du segment
stratégique ; ces activités opérationnelles peuvent se
regrouper en sous-ensembles : les domaines de valeur.

Sa représentation sous forme de modèle est illustrée ci-dessous.

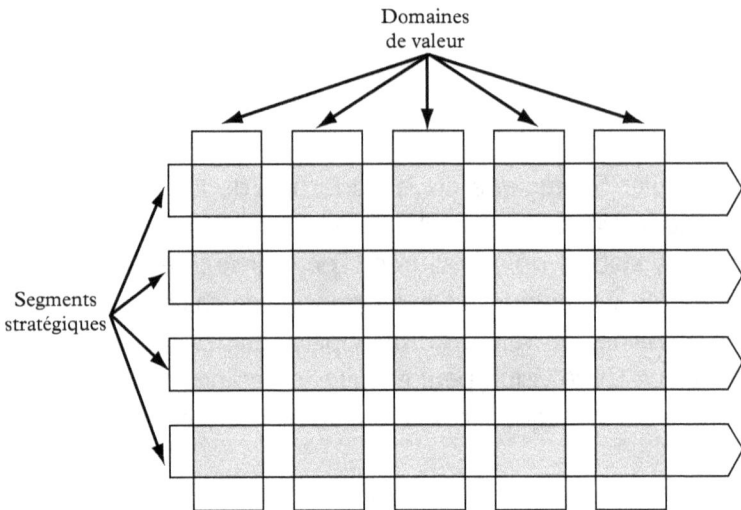

Figure 9 — Le Damier Stratégique : modèle

Chaque « case » du Damier Stratégique représente un sous-
ensemble plus simple à appréhender que l'entreprise elle-
même, source potentielle d'avantage concurrentiel. Il devient
donc possible d'examiner chacune de ces « cases » et d'identifier à la fois quel avantage concurrentiel elle est susceptible
d'apporter et comment maximiser cet avantage.

L'élaboration d'un Damier Stratégique se décompose en deux étapes :

1. L'identification des segments stratégiques

Les segments stratégiques (ou « invariants stratégiques ») sont les composantes stratégiques de l'entreprise qui changent très peu dans le temps, comme, par exemple, des gammes de produits ou des marchés.

On regroupe donc les lignes de produits qui partagent les mêmes marchés et qui nécessitent de maîtriser des facteurs clés de succès semblables.

Les facteurs clés de succès sont les éléments sur lesquels se fonde, véritablement et en priorité, la concurrence entre les entreprises. De ce fait, ces éléments correspondent aux compétences à maîtriser pour être performant en termes de lutte concurrentielle. Parmi les principales variables à examiner pour déterminer les facteurs clés de succès d'un segment stratégique figurent : prix, délai, notoriété, image, qualité, savoir-faire, adaptation au besoin client, capacité de conseil, etc.

L'une des méthodes d'identification des segments stratégiques est la réduction matricielle. Elle consiste à rechercher progressivement les croisements utiles entre des lignes de produits et une dizaine de variables pertinentes telles que : les besoins spécifiques, les modes de distribution, les types de clientèle, les technologies spécifiques, etc.

Un segment stratégique représente un sous-ensemble auquel l'entreprise est susceptible d'allouer ou de retirer des ressources indépendamment des autres segments stratégiques.

2. L'identification des domaines de valeur

Ces domaines présentent les caractéristiques suivantes :

➤ chaque domaine correspond à une étape significative de création de valeur du processus complet ; ces activités sont opérationnelles, c'est-à-dire qu'elles contribuent directement à la production du produit ou du service (ce ne sont pas des activités de support, ni de pilotage) ;

➤ chaque domaine regroupe un ensemble homogène d'activités ;

➤ chaque domaine correspond à des ensembles d'activités que l'entreprise peut choisir d'externaliser, d'internaliser, de délocaliser en totalité ou en partie, en fonction de ses choix stratégiques ;

➤ chaque domaine doit être suffisamment stable et autonome par rapport aux évolutions stratégiques prévisibles ;

➤ l'identification des domaines de valeur permet d'introduire les degrés de liberté qui faciliteront l'évolution des modes de fonctionnement ; elle est donc fondamentale pour rendre l'entreprise adaptable aux nécessités de son environnement.

La recherche des domaines de valeur se fonde sur les éléments clés suivants :

➤ identification des activités concourant à la finalité de chaque processus stratégique et formulation de la valeur ajoutée des activités au regard de cette finalité ;

➤ regroupement de ces activités en domaines homogènes, stables et autonomes ;

➤ recherche d'une normalisation entre les domaines des différents processus stratégiques.

La plupart du temps on retrouvera des activités de marketing opérationnel, de vente, de production, de logistique, d'après-vente.

Le Damier Stratégique est obtenu en croisant les segments stratégiques avec les domaines de valeur.

Le Damier Stratégique est un outil de réflexion stratégique à plusieurs titres :

➤ sa méthode même de construction conduit l'entreprise à se poser les « bonnes » questions concernant ses segments stratégiques et leurs facteurs clés de succès ;

➤ c'est un outil qui permet de décliner la stratégie globale en stratégies plus fines concernant chaque « case » du damier : quelles sont les ressources logiques et physiques nécessaires ? Quelles sont celles que l'on peut mettre en commun ? Quelles sont les activités que l'on doit externaliser pour rester compétitif ? Comment organiser les ressources pour qu'elles optimisent la « case » du damier ? ... ;

➤ c'est le cadre de référence pour l'urbanisation des ressources nécessaires aux processus, notamment le système d'information.

Le Damier Stratégique fournit une grille de lecture bidimensionnelle de l'entreprise.

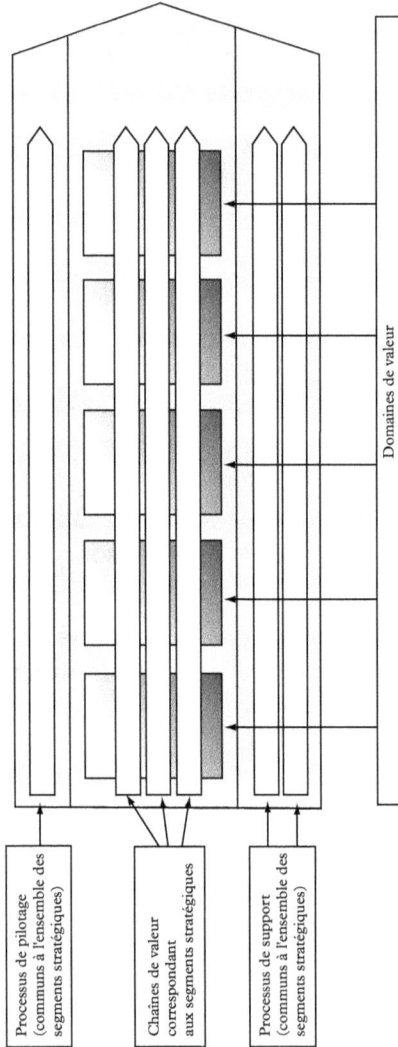

© ALTIME 2002

Domaines de valeur

Processus de pilotage
(communs à l'ensemble des
segments stratégiques)

Chaînes de valeur
correspondant
aux segments stratégiques

Processus de support
(communs à l'ensemble des
segments stratégiques)

Figure 10 — L'utilisation du Damier Stratégique

Le Plan de Gouvernance

Le Plan de Gouvernance est un instrument qui matérialise les éléments de mutualisation et de subsidiarisation qui fondent la stratégie de l'entreprise.

Ces éléments sont issus des cases du Damier Stratégique. Chaque case est décomposée en macroactivités avec le niveau de maille nécessaire et suffisant pour distinguer ce qui est mutualisable et ce qui est subsidiarisable. Elles sont positionnées sur différents niveaux du Plan de Gouvernance. L'affectation d'une macroactivité à un niveau est fonction de sa « portée » dans l'entreprise. Plus son niveau de partage entre les segments stratégiques est grand, plus le niveau auquel elle est affectée est élevé. Plus elle est spécialisée, moins son niveau de partage est grand, plus le niveau auquel elle est affectée est bas.

Le même raisonnement s'applique aux ressources de ces macroactivités et en particulier aux informations. Pour un référentiel d'informations donné, par exemple le référentiel client, certaines informations seront placées au niveau le plus élevé et partagées par toute l'entreprise, par exemple l'identifiant client, d'autres informations de ce référentiel seront distribuées sur les autres plans suivant le niveau de partage désiré.

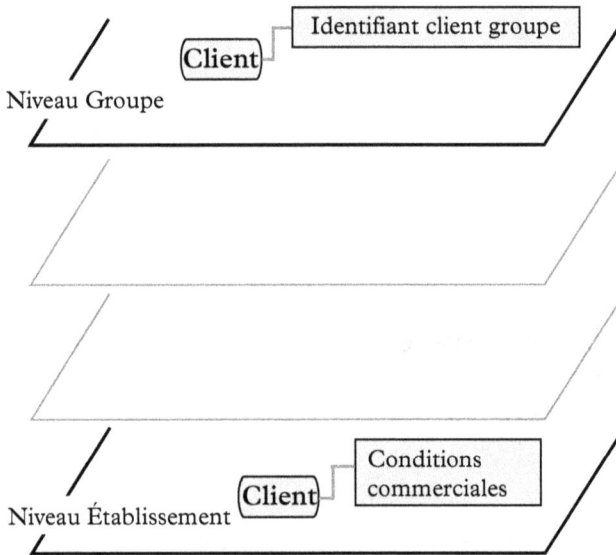

Figure 11 — Exemples de positionnement d'éléments sur le Plan de Gouvernance en fonction de leur « portée » dans l'entreprise

Damier Stratégique et Plan de Gouvernance sont donc deux outils complémentaires de représentation de l'entreprise urbanisée.

L'identification des niveaux du Plan de Gouvernance garantit l'équilibre entre synergie, cohérence et autonomie à plusieurs niveaux :

1. Au niveau commun « groupe » pour les ressources régaliennes

Ce sont celles qui sont l'apanage du groupe, c'est-à-dire qui sont destinées à servir le comité de direction du groupe ou qui ne présentent pas *a priori* de spécificités liées aux clients, aux produits ou aux pays. On y trouve principalement les ressources liées aux activités de pilotage de l'entreprise. À ce titre, le niveau commun groupe est essentiellement un niveau de cohérence.

2. Au niveau « pivot » pour les ressources déterminantes dans le positionnement concurrentiel de l'entreprise

Le Damier Stratégique est constitué de chaînes de valeur. Parmi les activités constituant ces chaînes de valeur, certaines sont réellement déterminantes dans le positionnement concurrentiel de l'entreprise.

Les ressources correspondant à ces activités sont positionnées sur un niveau appelé « pivot » car elles sont distinctes d'un segment stratégique à l'autre et ne sont pas mises en commun.

3. Au niveau subsidiarisé « local » pour les ressources liées aux activités locales

À l'opposé des processus régaliens de pilotage, les processus dits « locaux » sont spécifiques à une entité, une localisation géographique ou une activité non stratégique.

On y trouve couramment les activités administratives liées à la législation locale (fiscalité, juridique, paie) dans un pays pour un groupe multinational. Par exemple, les procédures douanières pour importer des produits de Chine.

Il peut s'agir également d'activités développées localement par une filiale pour offrir des produits ou services non stratégiques (par exemple, distribués localement seulement) ou correspondant à des pratiques ou des besoins locaux. Par exemple : la vente de machines agricoles à cueillir le coton ne se conçoit que dans certaines régions du globe.

Il peut s'agir aussi d'activités industrielles liées à l'équipement en place. Exemple : la gestion de production dans une usine.

Ces activités seront particulièrement nombreuses si la gouvernance de l'entreprise est très décentralisée au niveau des entités, ce qui favorise le foisonnement des processus.

Remarque : Ce modèle de Plan de Gouvernance avec un niveau local très fourni est particulièrement répandu dans les entreprises internationales qui se sont développées comme des conglomérats de PME ou des entreprises qui ont procédé à des fusions et acquisitions à un rythme rapide sans consolidation autre que financière.

4. Autres niveaux

D'autres niveaux, situés au-dessus ou au-dessous du niveau pivot, seront définis suivant que des synergies particulières seront dégagées entre les activités stratégiques ou, au contraire, que des spécificités apparaîtront dans ces activités.

Les autres niveaux sont donc appelés à se positionner par rapport au niveau pivot en fonction des synergies souhaitées ou non pour ces activités.

Parmi ces niveaux on trouve couramment un niveau produits ou commun métier où l'on retrouve les sous-ensembles de ressources communes par ligne de produits (par exemple, les fonctions de gestion des contrats, de marketing produit, etc.) et un niveau dit « distribution » où l'on retrouve les sous-ensembles de ressources communes par type de canal (par exemple, les fonctions d'animation du canal, etc.).

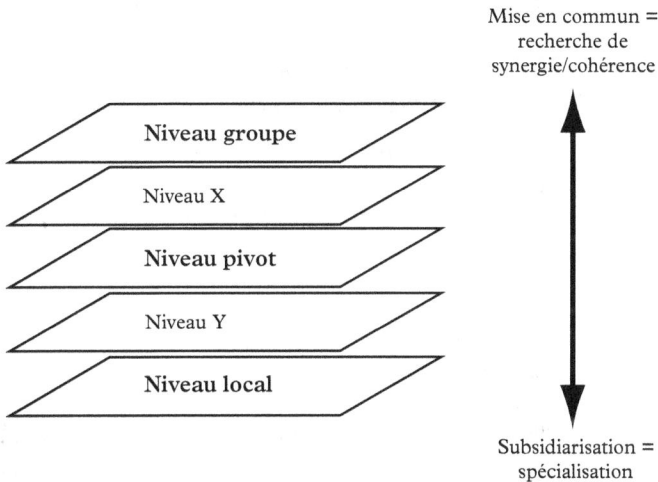

Mise en commun =
recherche de
synergie/cohérence

Niveau groupe

Niveau X

Niveau pivot

Niveau Y

Niveau local

Subsidiarisation =
spécialisation

Figure 12 — Structure type d'un Plan de Gouvernance

TABLE DES MATIÈRES

Seconde partie
Retours d'expériences

Annexes